Yoga

BELLA▲VISTA

Yoga

Vimla Lalvani

Originalausgabe © 2004 Octopus Publishing Group Ltd
Hamlyn Octopus, ein Imprint der Octopus Publishing Group Ltd
2-4 Heron Quays, Docklands, London E14 4JP

Originaltitel: Yoga Basics. Stretches to tone, energize and de-stress

Copyright © 2005 für die deutsche Ausgabe
BELLAVISTA, ein Imprint der Verlag Karl Müller GmbH, Köln

Text: Vimla Lalvani
Übersetzung: Susanne Schmidt-Wussow (für rheinConcept)
Lektorat: Claudia Dziallas
Herstellung: Ursula Schümer
Umschlaggestaltung: Christian Gaiduk, Köln
Bildnachweis Umschlag: © Jutta Klee/CORBIS
Redaktion und Satz: rheinConcept
Druck und Bindung: Toppan Ltd.

Printed in China
ISBN: 3-8336-0280-5
www.bellavista-verlag.de

HINWEIS
Das vorliegende Buch ist sorgfältig erarbeitet worden. Dennoch erfolgen alle Angaben ohne Gewähr. Autoren und Verlag bzw. dessen Beauftragte können für eventuelle Personen-, Sach- oder Vermögensschäden keine Haftung übernehmen.

Inhalt

Einführung

Yoga ist vor allem wegen seiner vielfältigen therapeutischen Wirkungen auf Körper und Geist beliebt. Bei vollkommener Beherrschung beruhigt Hatha Yoga den ruhelosen Geist und lenkt körperliche und geistige Energie in konstruktive Bahnen.

Yoga ist keine Religion, sondern eine Lebensphilosophie und mehr noch: eine Wissenschaft mit Forschungshintergrund. Es ist umfassend und zeitlos und heute so anwendbar wie bei seiner Entwicklung vor 2.000 Jahren. Tatsächlich ist Yoga angesichts der Zwänge des modernen Lebens hervorragend geeignet, eine ausgeglichene Einstellung zu bewahren.

In diesem Buch werden die überlieferten Prinzipien des Hatha Yoga mit modernen Dehntechniken kombiniert. Manche lassen sich vom mystischen Beigeschmack des Yoga abschrecken und von der Vorstellung, sich dabei verknoten zu müssen. Mit den Techniken in diesem Buch werden sie sich hoffentlich leichter anfreunden können. Yoga lehrt, sich zu konzentrieren und den Geist zu sammeln, den Muskeltonus zu verbessern und die inneren Organe zu stärken. Es lehrt auch, richtig zu atmen und die vollkommene Körperhaltung einzunehmen, um das Energieniveau zu erhöhen. Sie werden erstaunliche Ergebnisse erzielen: einen Körper in vollkommener Harmonie, eine positive Lebenseinstellung und einen ruhigen Geist.

Die Vorteile des Yoga

Fachleute sind sich einig, dass Dehnen den ganzen Körper trainiert und dass das jahrhundertealte System des Yoga eine der sichersten und effektivsten Dehnungsmethoden ist.

In diesem Buch wird gezeigt, wie Atemtechnik und Haltung auf einfache Art verbessert werden können. Es enthält über 50 körperformende Übungen für mehr Gelenkigkeit, Ausdauer und Muskelspannung.

Durch Dehnung werden Spannungen in den verschiedenen Muskelgruppen am natürlichsten gelöst. In Verbindung mit der richtigen Atmung entspannt sie auch das Nervensystem und erhöht das Energieniveau. Yoga wird auch bei Ihnen zu sichtbaren Ergebnissen führen: ein kräftiger Körper, mehr Ausdauer und Muskelspannung und ein wohliges Gefühl vollkommener Harmonie.

Die Rolle des traditionellen Yoga

Das Sanskrit-Wort „Yoga" bedeutet „Einheit von Geist und Körper". Überlieferten Texten zufolge ist es eine Wissenschaft, die uns über die Kontrolle von Geist und Körper zu einem harmonischen Leben führt. Beim Hatha Yoga geht es um die Vereinigung der männlichen Sonnenenergie Ha mit der weiblichen Mondenergie Tha. Zusammen bringen sie den Körper ins Gleichgewicht und schaffen Harmonie und Ausgeglichenheit ohne Stimmungsschwankungen und Depressionen. Man fühlt sich im Lot und bereit für das Leben. Das Grundprinzip des Yoga lautet: Bevor der Geist auf eine höhere Bewusstseinsebene gelangen kann, muss der Körper geschult werden. Hatha Yoga, die erste Stufe, konzentriert sich auf den Körper. Intensive Dehnung und fließende Bewegungen setzen Energie frei, erhöhen die Ausdauer und verbessern die Muskelspannung. Zusammen mit der richtigen Atmung führt Yoga zu mehr Vitalität und Energie und schult dabei den Geist.

Zum Gebrauch dieses Buches

Das Buch ist in fünf Übungsreihen à 10–20 Minuten eingeteilt, die je nach Tageszeit und verfügbarer Freizeit austauschbar sind. „Strahlend in den Tag" und „Energiespender" sind gute Morgenübungen, während „Entspannung" sich besonders für den Abend eignet. „Klassiker" und „Dehnübungen" können jederzeit durchgeführt werden. Machen Sie die Übungen immer in der Reihenfolge, in der sie in der Übungsreihe erscheinen; jeder Abschnitt ist so ausgelegt, dass Muskeln, Bänder und Sehnen in einer bestimmten Reihenfolge erwärmt und gedehnt werden. Bevor Sie beginnen, sollten Sie alle Anleitungen für eine Übungsreihe durchlesen, um dann Ihr eigenes Tempo zu finden.

Yoga im Vergleich mit anderer Gymnastik

Die Hauptunterschiede zwischen Yoga und anderen Arten von Gymnastik liegen im Akzent auf der richtigen Atmung und der Haltedauer der einzelnen Stellungen. Wird eine Stellung über fünf Sekunden oder länger gehalten, kann die Energie frei fließen und der Geist sich sammeln, während der Körper gestärkt wird. Wie Wasser durch einen geöffneten Wasserhahn strömt Energie in die entspannten Muskeln. Durch das Drehen verschiedener Gelenke werden Blutgefäße gedehnt und das Blut gleichmäßig im Körper verteilt. Alle Yogaübungen basieren auf Dehnung, Entspannung, tiefer Atmung und Verbesserung von Blutzirkulation und Konzentration. Yoga fördert auch die körperliche Gesundheit.

Seien Sie nicht entmutigt, wenn Sie die Endstellung zunächst nicht erreichen – Yoga ist eine Disziplin, in der nur fortgesetzte Übung zu Ergebnissen führt. Der wesentliche Unterschied zwischen einem Anfänger und einem Fortgeschrittenen im Yoga zeigt sich in der Zeitspanne, die er eine Stellung halten kann. Setzen Sie sich Ziele, um Fortschritte zu machen.

Erklärung von Begriffen

Die Sanskrit-Begriffe asana, chakra, prana und pranayama beschreiben in diesem Buch klassische Konzepte: Asanas sind die anerkannten Yogastellungen, Chakren die sieben Energiezentren innerhalb des Körpers; prana ist Lebensenergie. Der Solarplexus fungiert als Batterie, die den Körper mit prana-Energie versorgt.

Energie bewegt sich in verschiedenen Mustern durch den Körper oder fließt kreisförmig um ihn herum und erzeugt ein Gefühl des Schwebens. Beispiele für dieses Muster finden sich in den Übungen Horizontaler Tänzer, Vorwärts beugendes Dreieck und Waage. Es gibt auch „erdende" Übungen, die Energie aus der Erde in gerader Linie bis zum Scheitel führen, wie der Adler und die Kniebeugen 1, 2 und 3. Diese Übungen helfen, den Blick auf das Praktische zu richten und eine realistische Lebenseinstellung zu bewahren.

Pranayama ist die Wissenschaft vom richtigen Atmen und umfasst Atemtechniken zur Vergrößerung der Lungenkapazität, zum Ausgleich von Energien und zur Sammlung der Konzentration.

Auf fortgeschrittener Ebene bilden diese Techniken die Grundlage der Yogameditation.

Lotussitz bzw. halber Lotussitz gehören zu Pranayama und Meditation. Diese Stellung ist wichtig für Atemübungen und Meditationen über lange Zeiträume. Die Wirbelsäule ist dabei aufrecht, behält aber ihre natürliche Krümmung, und die Lebensenergie kann ungehindert durch den Körper fließen. Das Schulen des Körpers im bewegungslosen Sitzen senkt den Energieumsatz; ist der Körper ruhig, wird auch der Geist frei von allen Störungen.

Beim „Zentrieren" des Körpers geht es um das Gleichgewicht von Körper und Geist. Wenn Sie sich auf den Solarplexus konzentrieren, erfahren Sie den Frieden und die Harmonie des vollkommenen Gleichgewichts. Beim „Öffnen der Brust" wird durch das Heben der Brust und das Senken der Schultern eine positive Einstellung geschaffen. Zusammen mit einem ruhigen, klaren Blick zeigen Sie der Welt,

dass Sie dem Leben mit Stärke und Selbstvertrauen begegnen.

Wichtige Sicherheitshinweise

- Die Übungen sind für gesunde Menschen konzipiert. Wenn Sie sich unwohl fühlen, sich von einer Verletzung oder Krankheit erholen, schwanger sind, unter Bluthochdruck oder einer anderen Erkrankung leiden, sprechen Sie erst mit Ihrem Arzt.
- Wärmen Sie sich vor den Übungen stets wie empfohlen auf. Noch besser lockern sich Ihre Muskeln unter der Dusche.
- Befolgen Sie unbedingt die angegebene Reihenfolge der Übungen innerhalb eines Abschnitts und lesen Sie die Anleitung durch, bevor Sie beginnen.
- Führen Sie die Bewegungen nicht hastig oder ruckartig aus und erzwingen Sie nichts. Hören Sie sofort auf, wenn Sie ein scharfes Stechen oder Ziehen spüren. Denken Sie daran, dass die Endstellung meist die schwierigste ist.
- Entspannen Sie Ihren Körper durch tiefes Atmen, damit über die gedehnten Muskeln und Bänder mehr Energie zu den Muskelfasern gelangt.
- In vielen Stellungen bleibt das Knie gestreckt. Drücken Sie es dabei jedoch nicht durch, sondern heben Sie den Muskel über der Kniescheibe, um Verletzungen zu vermeiden.
- Üben Sie Yoga nicht mit vollem Magen – warten Sie nach einer leichten Mahlzeit eine Stunde, nach einer schweren vier Stunden.
- Tragen Sie lockere, bequeme Kleidung.
- Üben Sie an einem warmen, gut belüfteten Ort.

- Bleiben Sie barfuß, damit Sie mit den Zehen greifen können. Üben Sie auf einer ebenen, rutschfesten Unterlage. Verwenden Sie eine Matte für Übungen auf dem Boden.

Eine neue Lebensführung

Mäßigung ist der Schlüssel zu einem gesunden, ausgewogenen Leben. Wenn sich Geist und Körper in Harmonie befinden, gibt es keinen inneren Drang zu Ausschweifungen. Dabei geht es nicht um Abstinenz, sondern um die Kontrolle über Gewohnheiten und Triebe. Sie brauchen nicht Vegetarier zu werden und über Nacht Rauchen und Alkohol aufzugeben. Wenn Sie Yoga praktizieren, werden Sie feststellen, dass Sie nach und nach von selbst weniger essen, rauchen und trinken. Ihr Körper wird sein Optimalgewicht erreichen, und außerdem werden Sie sich ausgeglichen fühlen.

Sie werden erleben, dass Ihre Lebenseinstellung positiver wird. Sie werden nicht länger unter Stimmungsschwankungen und Depressionen leiden. Mit zunehmender Konzentrationsfähigkeit können Sie sich besser organisieren und mehrere Aufgaben gleichzeitig angehen.

Yoga hilft den Menschen, systematisch über Probleme und Leiden hinwegzukommen. Es kollidiert mit keiner Religion und keinem Glauben und kann von jedem praktiziert werden, der sein Leben disziplinieren und nach der Wahrheit suchen will. Geringe Mühe führt zu großen Ergebnissen wie Weisheit, Stärke und Frieden. Mit zunehmendem Körperbewusstsein lernen Sie, auf Ihr „höheres Selbst" zu hören. Hatha Yoga ist der erste Schritt zur Erleuchtung. Bevor Sie jedoch Ihren Geist schulen können, müssen Sie zuerst Ihren Körper schulen.

Haltung

Den meisten ist nicht bewusst, wie wichtig das richtige Stehen und Sitzen ist. Haltungsfehler sind die Hauptursache für chronische Rückenschmerzen und tragen zu schmerzhaften Bandscheibenvorfällen und Ischiasbeschwerden bei. Menschen mit Haltungsfehlern fehlt es stets an Energie und Vitalität. Ihre Brust ist eingesunken, und sie atmen nicht richtig, weil sie nur einen kleinen Teil ihrer Lungen benutzen.

Beim Yoga wird die Wirbelsäule ständig gestreckt und die Rückenmuskulatur aufgebaut, um zur vollkommenen Haltung zu finden. Auch wenn Sie glauben, richtig zu stehen oder zu sitzen, wissen Sie vielleicht nicht genug über die Ausrichtung Ihres Körpers. Schwangerschaft oder Gewichtsänderungen können Sie aus dem Gleichgewicht bringen.

Stellen Sie sich beim Stehen, Knien oder Sitzen vor, dass ein Faden Sie vom Scheitel aus nach oben zieht. Drücken Sie die Schulterblätter hinunter, damit sich die Brust hebt. In der vollkommenen Haltung fühlen Sie sich „zentriert". Es ist wie mit Bauklötzchen: Werden sie nicht gleichmäßig gestapelt, fällt der Turm in sich zusammen.

Die Übungen in diesem Buch beziehen sich oft auf die 1. und 2. Position. In der 1. Position stehen Sie mit geschlossenen Füßen, die sich berühren. Spreizen Sie die Zehen und drücken Sie die Fersen nach unten. In der 2. Position haben Ihre Füße etwa 30 cm Abstand voneinander. Sie sollten gerade unter den Hüften stehen, die Zehen zeigen nach vorne.

1

Möglichst aufrecht mit geschlossenen Füßen stehen, Schultern hinunterdrücken, Bauch und Steißbein nach innen rollen.

3

Auf die Fersen setzen und die Hände auf die Knie legen. Wirbelsäule strecken, Ellbogen gerade machen.

4

Im Schneidersitz die Wirbelsäule so lang wie möglich machen. Das zentriert den Körper und führt zu einer positiven Geisteshaltung.

2

Fersen heben und auf den Zehen balancieren. Wenn Sie weder nach vorne noch nach hinten kippen, ist das die vollkommene Haltung.

Atmen

Die richtige Atmung ist ein wesentlicher Teil des Yoga. Alle ausgeführten Bewegungen erfordern eine korrekte Atmung, wenn sie Nutzen bringen sollen. Mit der „korrekten" Atmung ist dabei die Nasenatmung vom Zwerchfell aus gemeint, wenn nicht anders angegeben (wie bei „Nervenberuhigung" auf Seite 120, wo durch den Mund ausgeatmet wird). Durch das Ausatmen vom Zwerchfell aus vergrößert sich die Lungenkapazität, und mehr Sauerstoff gelangt ins Blut. Das belebt die Zellen und führt zu mehr Energie und einem kräftigen, gesunden Körper.

Beim richtigen Atmen sollte der Atem im natürlichen Rhythmus flüssig und gleichmäßig wie eine Welle im Meer fließen. Nehmen Sie sich einige Sekunden zum Ein- und Ausatmen Zeit. Beim Einatmen weitet sich der Bauch nach außen, beim Ausatmen zieht er sich nach innen. Während der Übung werden Sie feststellen, dass die Atemzüge tiefer und länger werden, bis der Atem ganz ruhig fließt.

Beim Yoga werden Atemtechniken verwendet (im Sanskrit pranayama), die Energien ausgleichen und den Geist sammeln. Im Körper befinden sich sieben Energiezentren, die Chakren. Pranayama-Techniken lösen Blockaden, sodass die Energie ungestört vom Ursprung der Wirbelsäule bis zum Scheitel fließen und sich mit der universellen Energie verbinden kann. Wenn das feine prana, die Energie, kontrolliert wird, unterwirft sich auch der Körper der Kontrolle des Geistes, und Unausgeglichenheiten werden aufgehoben. Wenn der Körper stark und gesund ist, kann die Energie frei fließen.

Die Wechselatmung (siehe Seite 103) zeigt den Unterschied zwischen dem männlichen und dem weiblichen Energieprinzip. Das rechte Nasenloch ist stärker, hitziger und intensiver, also männlich; das linke ist weicher, kühler und sanfter, also weiblich. Bei der Wechselatmung werden männliche und weibliche Energien kombiniert, um das Gesamtsystem auszugleichen.

Techniken der Tiefenatmung wirken wie ein Beruhigungsmittel auf das Nervensystem. Je tiefer Sie atmen, desto stärker wird die Wirkung und desto besser können Sie eventuellem Stress entgegenwirken. Pranayama lehrt nicht nur Willenskraft und Selbstbeherrschung, sondern verbessert auch die Konzentrationskraft und fördert die spirituelle Entwicklung.

1
Beide Hände unter der Taille auf den Bauch legen, langsam und gleichmäßig vom Zwerchfell aus durch die Nase einatmen. Spüren Sie, wie der Bauch sich weitet, wenn sich das Zwerchfell dehnt. Brustkorb und Schultern nicht bewegen.

2
Langsam und gleichmäßig ausatmen und spüren, wie der Bauch einsinkt, wenn sich das Zwerchfell zusammenzieht. Wie in Schritt 1 weder Brust noch Schultern bewegen.

Warm-up

Zu Verletzungen an Gliedern, Bändern und Muskeln kommt es oft, wenn der Körper nicht richtig aufgewärmt und gelockert ist. Beim Aufwärmen werden die Körperpartien einzeln langsam gedehnt und auf die meisten der folgenden Übungen vorbereitet. Wenn Sie jedoch gleich nach dem Aufwachen Yoga praktizieren möchten, sollten Sie mit der Ganzkörpererwärmung im Kapitel „Strahlend in den Tag" beginnen (siehe Seite 24).

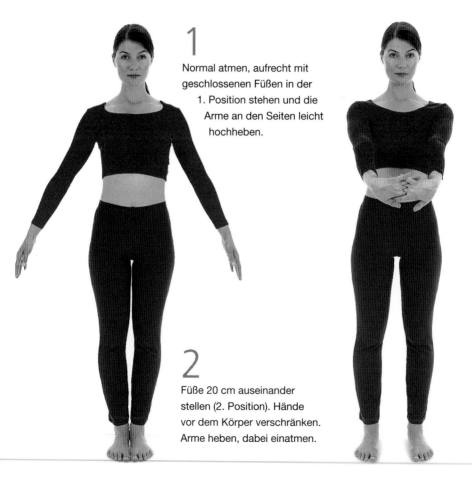

1

Normal atmen, aufrecht mit geschlossenen Füßen in der 1. Position stehen und die Arme an den Seiten leicht hochheben.

2

Füße 20 cm auseinander stellen (2. Position). Hände vor dem Körper verschränken. Arme heben, dabei einatmen.

Spannen Sie während der gesamten Übungsreihe die Bauch- und Gesäßmuskeln an und verteilen Sie Ihr Gewicht gleichmäßig auf Zehen und Fersen. Achten Sie außerdem besonders auf die Anweisungen zum Ein- und Ausatmen, damit die Energie richtig durch den Körper fließen kann.

3

Weiter einatmen und nach oben strecken, die Arme dabei so weit wie möglich heben. Gesäßmuskeln anspannen, Steißbein nach innen rollen.

4

Ausatmen und Arme an den Seiten sinken lassen. Knie mit dem Muskel über der Kniescheibe anheben.

5

Füße zusammenbringen. Einatmen, erneut die Hände verschränken und die Arme wie in
Schritt 3 so weit wie möglich
hochheben.

6

Ausatmen und Rumpf nach
rechts dehnen. Becken gerade
halten, um die Dehnung zu verstärken. 10 Sekunden halten.

7

Einatmen und zur 1. Position zurückkehren. Ausatmen und Rumpf nach links dehnen. 10 Sekunden halten, dabei normal weiteratmen.

8

Einatmen und wieder nach oben strecken, die Handflächen zeigen nach oben. Zu den Händen hinaufsehen und dabei Spannungen in Nacken und Schultern lösen.

9

Ausatmen, Arme herunter-
nehmen und Hände hinter
dem Rücken verschränken.
Einatmen. Das beseitigt
Spannungen im Rücken.

10

Beim Ausatmen Knie beugen
und mit dem Kinn zuerst langsam nach vorne strecken.

11

Arme nach oben strecken, um die Krümmung der Wirbelsäule aufzuheben und den Rücken gerade zu machen.

12

Normal weiteratmen, Arme vor dem Körper sinken lassen und den Boden berühren. Langsam wieder aufrichten und zur vollkommen aufrechten Haltung zurückkehren.

Strahlend in den Tag

Nach einem ausgedehnten Nachtschlaf ist es sehr wichtig, den Körper langsam zu wecken und dabei eckige Bewegungen zu meiden. Die Muskeln könnten sich über Nacht versteift haben und sind in diesem Zustand anfällig für Verletzungen und Zerrungen. Bei Morgenübungen sollte zu Beginn stets durch sanfte Dehnung in Kombination mit richtigem Atmen langsam die Spannung gelockert werden.

Dieses Kapitel enthält eine Reihe von Aufwärmübungen zur Entspannung von Nacken-, Kopf- und Schultermuskulatur. Vor allem die Ganzkörpererwärmung soll die Muskeln lockern und die Spannkraft in der Körpermitte verbessern. Die leichte Dehnübung nach der Ganzkörpererwärmung nimmt die Spannung aus allen Muskelgruppen und bereitet Sie auf die belebenden Bewegungen des Sonnengrußes vor, der letzten Übung in diesem Kapitel.

Da das Energieniveau am Morgen noch niedrig ist, soll diese Übungsreihe auch den Kreislauf in Schwung bringen und den Körper von Kopf bis Fuß beleben. Nach der Übungsreihe „Strahlend in den Tag" lassen sich am besten die vorgeschlagenen Übungen aus den Kapiteln „Energiespender" und „Klassiker" anschließen.

Kopfkreisen

Kopfkreisen mildert Steifheit in Nacken und Schultern. Bei dieser Übung wird der Kopf ganz einfach langsam im Kreis bewegt, ohne einen Zentimeter auszulassen. Ist die Wirbelsäule nicht gut ausgerichtet, werden Sie Spannungen in Nacken, Schultern oder Rücken bemerken. Halten Sie in diesem Fall die Position und atmen Sie tief, bis der Körper von selbst wieder ins Gleichgewicht findet.

1

Mit gerader Wirbelsäule den Kopf nach vorne sinken lassen, bis das Kinn auf der Brust ruht. Normal atmen.

2

Kopf sanft nach oben und nach rechts drehen. Das Ohr dabei möglichst eng an der Schulter lassen.

3

Kreis nach hinten fortsetzen. Nacken und Hals entspannen und die Gesichtsmuskeln erschlaffen lassen, vor allem um die Augen.

4

Ausatmen und Kopf langsam nach links kreisen. Die Schultern sollten unten bleiben, damit der Kopf sich frei bewegen kann.

5

Kopf wieder zur Brust sinken lassen. Übung in entgegengesetzter Richtung wiederholen.

Kopf und Schultern

Nachdem Sie durch das Kopfkreisen die Spannung im Nacken gelöst
haben, gehen Sie zu dieser Übung über, die die Schultern einbezieht und
die Steifheit aus der gesamten Wirbelsäule vertreibt. Diese Übung kann im
Stehen oder im Knien durchgeführt werden.

1
Auf dem Boden kniend nach
vorne sehen und normal ein-
und ausatmen.

2
Kopf nach vorne sinken
lassen, Wirbelsäule gerade
halten. Einatmen.

3
Ellbogen nach hinten heben,
Hände an die Hüften legen.

4
Ausatmen. Kopf nach hinten
legen, an die Decke sehen
und mit beiden Schultern rück-
wärts kreisen. Diese Übung
sechsmal wiederholen.

Ganzkörpererwärmung

Ein Leben im Sitzen und schlechte Ernährungsgewohnheiten führen oft zu Lethargie. Zusätzlich belasten Stimulanzien wie Alkohol, Koffein und Zigaretten das System. Der Körper braucht Hilfe, um sich von diesen Giftstoffen zu befreien. Die Ganzkörpererwärmung soll gegen Lethargie helfen und das System reinigen.

Diese Aufwärmübung besteht aus zehn sanften Stufen zur langsamen Vitalisierung des Körpers, wobei zuerst die Nacken- und Schultermuskeln gelockert und entspannt werden. Diese Sequenz bringt rasch Energie und Vitalität zurück und stärkt alle Muskeln in der Körpermitte, vor allem am Bauch. Die Wirbelsäule wird beweglicher und die Blutzufuhr zum Gehirn erhöht. Die Muskeln an Taille, Hüften, Bauch, Gesäß und Oberschenkeln werden gekräftigt.

Die Dehnübungen lockern Spannungen in den Muskelgruppen und bereiten den Körper auf die nachfolgenden Übungen vor. Konzentrieren Sie sich bei jedem Schritt auf das Ausatmen, das ebenfalls Spannungen abbaut. Nach der Ganzkörpererwärmung werden Sie sich ruhig fühlen, Ihre Augen werden leuchten und Sie werden von einem Gefühl inneren Friedens erfüllt sein.

1
Aufrecht mit geschlossenen Füßen stehen, Gesäß anspannen. Einatmen und die verschränkten Hände über den Kopf heben.

2
Normal weiteratmen und auf die Zehenspitzen stellen, dabei einen Punkt vor dem Körper fixieren. 5 Sekunden halten. Zu Schritt 1 zurückkehren.

3

Ausatmen und Hände lösen, sodass die Arme parallel sind. 5 Sekunden halten, dann die Arme hinter dem Rücken verschränken.

4

Gewicht auf die Fersen verlagern, Zehen in den Boden krallen. Nach oben sehen und dabei den Brustkorb nach vorne schieben, tief einatmen.

5

Ausatmen. Becken nach vorne schieben und Wirbelsäule nach hinten beugen. Brust öffnen, dabei Hals und Gesichtsmuskeln entspannen.

6

Einatmen und beim Ausatmen den Rumpf mit dem Kinn zuerst nach vorne strecken. Dabei die Wirbelsäule vom Steißbein aus strecken und gerade halten.

7

Mit angespannten Bauchmuskeln ausatmen und den Rumpf mit gerade gehaltener Wirbelsäule immer weiter nach vorne sinken lassen.

8

Normal weiteratmen, Arme hinter dem Rücken lösen, Hände um die Fußknöchel legen und 5 Sekunden halten.

9

Tief einatmen, dann langsam ausatmen, dabei nach vorne beugen und die Stirn an die Knie legen. Der Rumpf sollte so nah wie möglich an den Oberschenkeln liegen. 5–10 Sekunden halten.

10

Füße hüftbreit auseinander setzen und Wirbelsäule vom Steißbein aus strecken. Ellbogen mit den Händen halten und nach vorne dehnen. Tief weiteratmen und 10 Sekunden halten.

Der Hund

Vielleicht haben Sie schon Katzen oder Hunde gesehen, die sich auf ähnliche Weise strecken. Diese wunderbare Dehnübung ist von großem Nutzen. Bei Erschöpfung bringt sie Energie zurück. Sie stärkt Fersen und Knöchel und formt die Beine. Sie beseitigt auch Steifheit in Schulterblättern und Armen und festigt die Bauchmuskeln, sodass der Bauch flach wird. Der Hund wirkt den Auswirkungen häufigen Bückens entgegen und löst Spannungen in der Wirbelsäule, da jeder Wirbel vom Steißbein aus gelockert wird. Die Stirn wie in Schritt 2 auf den Boden zu legen beruhigt die Nerven und führt zu tiefer Entspannung.

Möglicherweise spüren Sie bei dieser Dehnübung eine Überanstrengung in den Armen und ein leichtes Zittern in den Beinen. Gehen Sie in diesem Fall zu Schritt 3 zurück und entspannen Sie sich. Nehmen Sie dann wieder die Stellungen aus Schritt 4 und 5 ein und halten Sie sie so lange wie möglich. Durch das Wiederholen der Bewegungen werden Ihre Arm- und Beinmuskeln nach und nach kräftiger.

1
Normal atmen, auf die Fersen
setzen, Zehen dabei aufstellen
und Füße dehnen.

2
Arme nach vorn strecken und Stirn auf
dem Boden ablegen. Tief atmen und
8 Sekunden lang
entspannen.

3

In den Vierfüßlerstand gehen.
Die Zehen bleiben aufgestellt,
der Rücken hängt leicht durch.
Spüren Sie jeden Muskel.

4

Einatmen. Bauchmuskeln
anspannen und auf die
Zehen stellen. Knie gerade
halten, die Füße stehen
15 cm auseinander.

5

Ausatmen und Füße auf
den Boden bringen, sodass
zwischen Beinen und Rumpf/
Armen ein Winkel von 45°
entsteht. Versuchen Sie, den
Boden mit dem Scheitel zu
berühren. 10 Sekunden
halten, dabei tief atmen.

Der Sonnengruß

Diese traditionelle Yoga-Aufwärmübung hat eine wunderbar verjüngende Wirkung. Die langsamen, sanften Bewegungen trainieren und kräftigen jeden Muskel im Körper und verbessern Gelenkigkeit, Ausdauer, Haltung und Geschmeidigkeit. Lassen Sie beim Sonnengruß die Energie weiterfließen, während Sie von einer Stellung zur nächsten übergehen. Achten Sie besonders auf die Atmung, da vor allem dadurch Energie und Vitalität erhöht werden. Sobald Sie merken, dass Sie genügend Ausdauer aufgebaut haben, sollten Sie die ganze Sequenz auf jeder Seite zehnmal durchführen.

1

Normal atmen. Nach vorne schauen, vollkommen aufrecht stehen, die Handflächen liegen aneinander, und die Schultern sind gesenkt.

2

Einatmen und einen Schritt nach rechts machen. Arme über den Kopf werfen und nach hinten strecken.

3

Beim Ausatmen Füße zusammenbringen, Rumpf nach vorne sinken lassen. Knöchel umfassen und, wenn möglich, Stirn an die Knie legen. Die Knie dürfen leicht gebeugt sein.

4

Einatmen, das rechte Bein mit aufgestellten Zehen so weit wie möglich nach hinten strecken, dann das Bein gerade machen wie in Schritt 11. Arme heben, die Handflächen aneinander gelegt. Normal atmen.

5

Beide Beine nach hinten strecken und auf Hände und Füße stellen, Arme dabei gestreckt lassen.

6

Auf die Knie sinken, dabei
weiter geradeaus schauen.
Überflüssige Bewegungen
möglichst vermeiden.

7

Auf die Fersen setzen und
Arme nach vorne strecken, um
die Wirbelsäule zu entspannen.

9

Einatmen und mit dem Kinn
knapp über dem Boden wie
eine Schlange nach vorne
gleiten. Ellbogen beugen.

8

Weiter einatmen, Arme
strecken, Becken nach vorne
bringen und die Wirbelsäule
nach hinten beugen.

10

Ausatmen, Becken heben und
Zehen und Fersen zum Boden
bringen, dabei die ganze Wirbelsäule strecken.

11

Einatmen und rechtes Bein
nach vorne ziehen, dabei das
linke nach hinten strecken (wie
das rechte Bein in Schritt 4).
Arme heben, die Handflächen
aneinander gelegt. Normal
weiteratmen.

12

Ausatmen und zu Schritt 3
zurückkehren. Dazu nach vorne
beugen und den linken Fuß
neben den rechten ziehen, die
Knöchel umfassen und die
Knie strecken.

13

Einatmen und einen Schritt nach rechts machen. An die Decke schauen und nach hinten strecken, um die Spannung im Rücken zu lösen.

14

Ausatmen und zu Schritt 1 zurückkehren. Sequenz wiederholen, dabei in Schritt 4 und 11 jeweils das andere Bein nach hinten strecken.

Energiespender

Yoga ist gegen die Formel „Ohne Schweiß keinen Preis", die für die meisten anderen Arten von Gymnastik gilt. Statt schroffe, ermüdende Bewegungen zu machen, wird der Körper durch langsame, sanfte Übungen belebt. Yoga baut Energien auf, statt sie zu erschöpfen. Das wird erreicht durch die Kombination von richtiger Atmung und Übungen. Durch die Ausatmung vom Zwerchfell aus vergrößert sich die Lungenkapazität, und es gelangt mehr Sauerstoff ins Blut.

Yoga löst Blockaden und verbessert die Blutzirkulation – der Körper läuft wie ein gut eingestelltes Auto. Mit stetiger Übung und fort-schreitender Erfahrung werden Sie die Stellungen immer länger halten und dabei richtig atmen können. So arbeitet der Körper härter und setzt noch mehr Energie frei. Beim Yoga gilt für die Energie: „Je mehr man einsetzt, desto mehr gewinnt man." Das führt zu dynamischen, positiven Ergebnissen.

Die Übungen in diesem Kapitel werden in rascherem Tempo durch-geführt, achten Sie daher auf eine regelmäßige Atmung. Diese Übungsreihe eignet sich auch zum Aufwärmen für alle Kapitel (mit Ausnahme von „Strah-lend in den Tag").

Der Sprung

Der Sprung ist eine wunderbare Übung, die den ganzen Körper kräftigt und belebt. Das Springen beschleunigt Herzschlag und Kreislauf und hinterlässt ein Gefühl von Jugend und Vitalität. Bei dieser recht anstrengenden Übung ist eine gleichmäßige Atmung besonders wichtig. Denken Sie daran, immer durch die Nase zu atmen.

1

In der 2. Position beginnen, die Arme über den Kopf gestreckt, die Finger geschlossen und nach oben zeigend. Normal atmen.

2

Einatmen. Knie beugen, Arme nach hinten werfen und zum Sprung bereitmachen. Knie parallel und gerade über den Füßen halten.

3

Ausatmen und so hoch wie möglich springen, dabei die Arme über den Kopf werfen und die Füße geschlossen lassen. Übung sechs- bis zwölfmal wiederholen.

Energieschub

Diese Übung ist durch die Kombination von Sprung und Ausfallschritt etwas schwieriger. Die Koordination spielt eine große Rolle; stellen Sie sich die Endstellung vor, bevor Sie beginnen. Die Bewegungen sollten anmutig und fließend von einer Stellung zur nächsten führen. Ihr Puls wird sofort ansteigen und Ihnen einen Energieschub verschaffen.

1

Aufrecht stehen, Ellbogen etwas über der Schulterlinie, Füße geschlossen und Knie gebeugt.

2

Einatmen und auf den Sprung vorbereiten; dazu auf die Zehen stellen, Arme an den Seiten sinken lassen und leicht nach hinten strecken.

3

So hoch wie möglich springen, dabei die Arme über den Kopf werfen und das linke Bein nach hinten stoßen.

4

Ausatmen und Endstellung einnehmen: linkes Bein gestreckt, rechtes Knie gebeugt, rechte Ferse am Boden. Sechs- bis zwölfmal wiederholen, Bein dabei wechseln.

Kniebeuge 1

Die Kniebeuge stärkt den unteren Rücken und die Muskeln in Oberschenkel, Wade, Hüfte und Oberarm. Sie verbessert die Blutzirkulation und lindert Beschwerden wie Rheuma und Arthritis in den Beinen.

Zu diesen Übungen gehören „Erdungstechniken", die zu mehr Entschlossenheit und Geduld führen und Sie alltägliche Probleme leichter bewältigen lassen.

3
Weiterhin den Punkt fixieren, dabei mit geradem Rücken die Knie beugen. Fersen noch ein Stück anheben und Stellung so lange wie möglich halten. Tief atmen.

1
Vollkommen aufrecht stehen und Arme auf Schulterhöhe heben. Einen Punkt vor dem Körper fixieren.

2
Hoch auf die Zehenspitzen stellen. Achten Sie darauf, den kleinen Zeh auf den Boden zu drücken.

Kniebeuge 2

Diese Übung erweitert Ihr Atemvolumen und kräftigt so den Körper.
Sie lindert Ischiasbeschwerden, indem sie die Bandscheiben in der Len-
denwirbelsäule stärkt, und die hängende Endposition beruhigt die
Nerven. Für Schritt 2 brauchen Sie viel Kraft – vielleicht ist es einfacher,
wenn Sie sich einen Stuhl hinter sich vorstellen und das Steißbein so nach
hinten schieben, als wollten Sie sich hinsetzen.

1
Aufrecht stehen, die
Füße 15 cm aus-
einander, die Arme in
Schulterhöhe nach
vorne gestreckt.
Einen Punkt vor dem
Körper fixieren.

2
Mit gerader Wirbelsäule vom
Steißbein aus so weit wie mög-
lich nach hinten strecken. Tief
atmen. 15 Sekunden halten.
Knie dabei auseinander und
Füße parallel halten.

3
Rumpf nach unten
sinken lassen.
Womöglich sind Sie
außer Atem, Ihr Puls
rast. Warten Sie, bis Ihr
Atem sich beruhigt hat.

4
Langsam das
Knie strecken. 5–10
Sekunden hängen, nor-
mal weiteratmen. Einat-
men und langsam zu
Schritt 1 zurückkehren.

Kniebeuge 3

Diese Übung erfordert Stärke und Ausdauer, beginnen Sie damit also erst, wenn Sie die Kniebeugen 1 und 2 beherrschen. Wenn Sie ein Zittern in den Oberschenkeln feststellen, deutet
das auf schwache Muskeln hin. Diese Kniebeuge mildert Zellulitis, verbessert die Blutzirkulation
in den Beinen und ist eine gute Vorbereitung auf Ski- oder Wasserskifahren.

1
In der 2. Position stehen, die Füße 15 cm
auseinander und die Arme seitlich locker
hängend. Einen Punkt vor dem
Körper fixieren.

2
Arme in Schulterhöhe heben. Bauch-
und Gesäßmuskeln anspannen, den
Muskel über der Kniescheibe anspannen.

3
Knie zusammen-
bringen, Fersen vom
Boden heben. Gleich-
gewicht finden, ohne
zu schaukeln, und
5 Sekunden halten.

4
Mit gerader
Wirbelsäule Knie
beugen, weiter
den Punkt vor
dem Körper
fixieren. Nur
die Knie
bewegen.

5

Wenn Becken und Knie einen Winkel von 90° zum Rumpf bilden, tief atmen und alle Muskeln so lange wie möglich anspannen.

6

Rumpf nach vorne sinken lassen und warten, bis sich die Atmung normalisiert hat. Die Energie sollte nun rasch durch den Körper kreisen.

7

Wirbelsäule langsam strecken und zu Schritt 1 zurückkehren. Dann den Körper zentrieren, 5 Sekunden halten.

Der Baum

Gleichgewicht entspringt einem konzentrierten Geist. Obwohl diese Übung einfach aussieht, können Sie nur still stehen, wenn Sie sich konzentrieren. Stellen Sie sich vor, Sie seien eine Statue. Das Standbein muss gestreckt bleiben. Krallen Sie sich mit den Zehen in den Boden und spannen Sie den Muskel über der Kniescheibe an. Überanstrengen Sie sich nicht.

1
Aufrecht stehen, einen Punkt vor dem Körper fixieren, den linken Fuß möglichst hoch innen an den rechten Oberschenkel legen. Arme seitlich ausstrecken. Gleichgewicht halten, Körper zentrieren.

2
Handflächen aneinander legen, die Schultern bleiben unten. Diese Stellung öffnet das Becken und macht gelenkiger.

3
Arme heben, Hände verschränken. Wie ein Baum in den Himmel wachsen, der Fuß bleibt im Boden verwurzelt. So lange wie möglich das Gleichgewicht halten.

Die Waage

Die Waage ist die einzige Yogastellung, die auf keinen Fall länger als 10 Sekunden gehalten werden sollte. Diese kräftige, dynamische Dehnübung steigert die Pulsfrequenz, stärkt den Herzmuskel und vergrößert die Lungenkapazität. Durch die verbesserte Blutzirkulation wird der ganze Körper gekräftigt.

Die Waage lehrt vollkommene Körperbeherrschung und verbessert die geistigen Fähigkeiten. Sie formt nicht nur Hüften, Gesäß und Oberschenkel, sondern erhöht durch die ausgestreckten Arme mit geraden Ellbogen auch die Muskelspannung in Schultern und Oberarmen.

Stellen Sie sich beim Vorwärtsbeugen vor, dass Sie sich weiterhin nach oben strecken, damit Sie nicht ins Hohlkreuz geraten. Wenn Sie bei Schritt 3 angekommen sind, strecken Sie sich mit aller Kraft weiter.

1
Aufrecht mit geschlossenen Füßen stehen, Arme an den Ohren über den Kopf heben. Handflächen aneinander drücken, Daumen kreuzen.

2
Linkes Bein mit geradem Knie nach hinten strecken. Einen Punkt vor dem Körper fixieren.

3
Mit geradem Becken und angespannten Muskeln im Ganzen nach vorne lehnen, bis der Körper parallel zum Boden ist. Zehen und Arme weiter strecken, bis die Stellung einem T ähnelt. 10 Sekunden halten, dann die Übung auf dem anderen Bein wiederholen.

Beinheber

Die folgenden Beinübungen stärken die Bauchmuskeln und machen
Becken und Kniesehnen gelenkiger. Sie verbessern auch die Konzentra-
tion, weil während der Übungen auf den Atem geachtet werden soll. Wech-
seln Sie die Stellungen mit präzisen Bewegungen und halten Sie dabei
Geist und Körper so ruhig wie möglich. Wenn es Ihnen schwer fällt, den
Kopf zum Knie zu bringen, erzwingen Sie nichts. Mit der Zeit werden Ihre
Kniesehnen elastischer und die Beine geschmeidiger.

1

Flach auf den Boden legen, die
Arme an den Seiten. Augen
offen halten und nach oben
sehen, tief und langsam atmen.

2

Einatmen und das linke Bein im
Winkel von 90° zum rechten
anheben. 5 Sekunden ruhig
halten, normal weiteratmen.

3

Hände hinter dem Knie
verschränken. Wenn das
nicht geht, Hände um den
Oberschenkel legen. Knie
nicht beugen.

4

Stirn zum Knie bringen und
5 Sekunden halten. Dann den
rechten Fuß etwa 15 cm vom
Boden abheben.

5

Beide Füße mit gestreckten
Zehen zusammenführen. Wenn
Sie diese Stellung 5 Sekunden
lang möglichst bewegungslos
halten, spüren Sie deutlich Ihre
Bauchmuskeln.

6

Rechtes Bein und Stirn
zusammenführen und linkes
Bein bis 15 cm über dem
Boden senken. Schritte 4–6
mehrmals wiederholen.

Die Heuschrecke

Die Heuschrecke ist eine besonders gute Übung für die Gesäßmuskeln. Mit zunehmendem Alter beginnen die Gesäßmuskeln zu erschlaffen, und viele machen die Erfahrung, dass dieser Bereich schwierig zu isolieren und zu kräftigen ist. Durch die ständige Beachtung der Grundhaltung, festigen die meisten Yogaübungen diese Muskeln aufgrund der ständigen Aufmerksamkeit auf die Haltung – das Steißbein ist immer nach innen gerollt, die Gesäßmuskeln angespannt. Die Heuschrecke kräftigt auch den unteren Rücken, stärkt Bauch- und Beinmuskeln und hilft auch bei Leiden wie Ischiasbeschwerden und Hexenschuss. Diese Übung ist anstrengend, achten Sie also darauf, die ganze Zeit tief und gleichmäßig zu atmen.

1

Zu Beginn der Übung das Kinn auf den Boden legen und die Hände an den Seiten zur Faust ballen. Zehen strecken.

2

Einatmen und das rechte Bein 45° vom Boden heben. Das Becken bleibt dabei auf dem Boden. 10 Sekunden halten, normal weiteratmen.

3

Langsam ausatmen und das rechte Bein senken. Einatmen und die Übung mit dem linken Bein wiederholen. Angehobenes Bein nicht drehen.

4

Becken anheben, Ellbogen unter die Hüftknochen legen, das Kinn dabei auf dem Boden lassen.

5

Einatmen, beide Beine anheben und Stirn auf den Boden legen. Normal weiteratmen und so lange wie möglich halten. Ausatmen und die Beine senken. Kopf auf eine Seite drehen. 20 Sekunden entspannen.

Der Vogel

Diese zügige Übung beschleunigt den Puls, verbessert die allgemeine Gelenkigkeit und stärkt die Ausdauer. Sie kräftigt den unteren Rücken und verbessert die Muskelspannung in Becken, Gesäß und Oberschenkeln. Das Balancieren auf den Hüftknochen stärkt außerdem die Bauchmuskeln. In Schritt 5 werden Sie sich wie ein Vogel vor dem Abflug fühlen.

1

In der Seitenlage auf den Ellbogen stützen, der sich genau unter dem Schulterblatt befindet. Beide Füße anwinkeln, Knie strecken.

2

Rechtes Knie beugen, mit der rechten Hand den großen Zeh greifen, Daumen abspreizen. Der rechte Oberschenkel sollte einen Winkel von 90° zum linken Bein bilden.

3

Einatmen und das rechte Bein im Winkel von 90° zum linken Bein strecken. Zehen anspannen.

4

Ausatmen, Fuß loslassen und auf den Bauch rollen. Kopf und Gliedmaßen heben.

5

Einatmen, dabei die Arme hinter dem Körper heben, um das Kinn nach oben zu bringen. 10 Sekunden halten, normal weiteratmen. Ausatmen und 20 Sekunden entspannen.

Vorwärtsbeuge mit Gleichgewichtsübung

Diese Übung kräftigt den unteren Rücken und stärkt die Bauchmuskeln. Sie eignet sich besonders gut als Übung für einen flachen Bauch,
vor allem nach einer Geburt. Im Sitzen ist es schwieriger, das Gleichgewicht zu halten, weil Sie die Wirbelsäule gerade halten und
Ihr Gewicht ohne die Beinmuskeln tragen müssen. Legen Sie sich
nach der Übung entspannt auf den Rücken wie in Schritt 1 der
Tiefenentspannung (siehe Seite 122).

1

Flach auf dem Rücken liegen,
die Knie aufgestellt und die
Füße geschlossen auf dem
Boden. Arme über den Kopf
nach hinten strecken.

2

Einatmen und hochkommen, dabei die Knie
zur Brust ziehen. Wirbelsäule gerade halten
und auf dem Gesäß das Gleichgewicht
halten. Normal weiteratmen.

3

Knie durchdrücken, Zehen
strecken. Bauchmuskeln
10–15 Sekunden anspannen.

4

Ausatmen und Rumpf nach vorne sinken lassen, Füße auf den Boden stellen. Kopf leicht senken, Wirbelsäule beugen.

5

Beine strecken und Rücken vom Steißbein aus dehnen. Normal weiteratmen und Kinn nach vorne strecken. Finger um die großen Zehen legen, den Daumen abspreizen.

6

So weit wie möglich nach vorne strecken und die Stirn 20 Sekunden lang auf die Knie legen. Dann aufrecht hinsetzen und den Rücken entspannen.

Seitlicher Streckstütz

Der seitliche Streckstütz stärkt besonders effektiv Unterarme, Oberarme und Schultern. Trotz des schwierigen Anscheins ist die Übung überraschend einfach durchzuführen, wenn der Körper perfekt ausgerichtet ist. Bilden Schultern, Hüften und Füße eine gerade Linie, wird der Körper schwerelos, und Sie können ihn vollkommen beherrschen.

Für die Gleichgewichtsübungen brauchen Sie viel Energie, weil sie große Konzentration erfordern. Atmen Sie bei schwierigeren Stellungen tief in die Bewegung hinein, das gibt Ihnen mehr Energie.

1

Mit geradem Rücken auf dem Bauch liegen, Zehen aufgestellt, Hände unter den Schulterblättern. Nach vorne sehen.

2

Einatmen und aufstützen, das Becken dabei unten lassen. Ellbogen durchdrücken, Beine ganz gestreckt halten und alle Muskeln anspannen.

3

Auf die linke Seite drehen und den rechten Arm nach oben strecken. Achten Sie darauf, dass die Füße parallel und der Körper gerade ist. 8 Sekunden halten, tief atmen.

4

In Position 2 zurückdrehen.
Wenn Sie außer Atem sind,
gleichmäßig atmen.

5

Auf die Knie sinken lassen
und mit aufgestellten Zehen
die Beinmuskeln langsam
entspannen.

6

Wirbelsäule nicht absacken lassen,
sondern sanft nach hinten in Richtung Knöchel strecken.
Arme nach vorne strecken. 10 Sekunden halten. Übung
auf den rechten Arm gestützt wiederholen.

Kuhgesicht im Fersensitz

Viele sind nach dem ersten Versuch dieser Übung entmutigt, weil sie einfach aussieht, aber recht schwierig durchzuführen ist. Vielleicht schaffen Sie es auf einer Seite, aber nicht auf der anderen. Mit fortschreitender Übung werden Sie aber spüren, wie sich die angespannten Muskeln lockern. Da diese Dehnung das Brustkorbvolumen vergrößern und Spannungen in Nacken und Schultern lösen soll, ist es wichtig, die Schultern gerade zu halten, damit der Oberkörper gerade bleibt.

3

Übung auf der anderen Seite wiederholen, dabei den linken Arm nach hinten führen und den rechten über die Schulter.

1

Im Fersensitz mit geradem Rücken den rechten Arm hinter den unteren Rücken führen. Die Handfläche zeigt nach oben. Linken Ellbogen beugen, Arm über den Kopf heben.

2

Rechte Hand so weit wie möglich zu den Schulterblättern bewegen. Fingerspitzen 8 Sekunden lang verhaken.

Atmung mit Armen

Die meisten Menschen nutzen beim Atmen nur 10 Prozent ihrer Lungenkapazität. Das führt zu Lethargie und Energieverlust und verschlimmert Atemwegsprobleme wie Asthma, Emphyseme und Kurzatmigkeit.

Diese Atemtechnik soll solchen Problemen entgegenwirken. Sie weitet die Lungen und verbessert die Blutzirkulation im Körper. Beim tiefen, langsamen Einatmen durch die Nase spüren Sie, wie sich Ihre Lunge mit Luft füllt. Wenn die Ellbogen oben sind, halten Sie den Atem an und spüren Sie die Spannung in Nacken, Schultern und Ellbogen. Beim Ausatmen durch den Mund konzentrieren Sie sich bitte darauf, die Luft langsam und gleichmäßig herausströmen zu lassen.

1

Im Fersensitz die Hände unter dem Kinn verschränken. Achten Sie darauf, dass das Kinn parallel zum Boden ist.

2

6 Sekunden lang einatmen und dabei die Ellbogen so weit wie möglich anheben. Nicht nach vorne beugen. Wirbelsäule gerade halten.

3

Langsam ausatmen, dabei in einer fließenden Bewegung nach oben sehen und den Kopf nach hinten sinken lassen.

4

Weiter durch den Mund ausatmen, dabei die Ellbogen zusammenbringen. Finger verschränkt halten, die Knöchel am Kinn. Arme an den Seiten sinken lassen und einen Moment ruhen. Übung zehnmal wiederholen.

Dehnübungen

Dehnen ist die beste Art, den ganzen Körper zu trainieren. Beim Yoga werden die Muskeln maximal in die Länge gedehnt. Das verbessert den Tonus und beseitigt das Fett um die einzelnen Zellen, unterstützt also die Bekämpfung von Zellulitis und die Verbesserung der Körperform.

Dehnen hat Auswirkungen auf den ganzen Körper; die Blutzirkulation wird verbessert, das Nervensystem beruhigt. Es ist die sanfteste Art, Spannungen in den Muskelgruppen zu lösen, und durch die Bewegungen nach vorne, zur Seite und nach hinten kann sich der Körper wieder optimal ausrichten. Dehnen erhöht Gelenkigkeit und Geschmeidigkeit. Es hilft auch bei der Entgiftung des Körpers, da es die Lymphdrainage unterstützt und das Immunsystem gegen häufige Erkrankungen stärkt.

Stellen Sie sich bei den folgenden Übungen Ihren Körper als ein Gummiband vor. Ziehen und dehnen Sie ihn mit Ihrer ganzen Körperkraft. Hinterher werden Sie eine immense Energie freisetzen – als ließe man ein bis zum Äußersten gespanntes Gummiband los.

Dehnung nach oben 1

Diese Dehnung korrigiert Haltungsfehler und verleiht Anmut und Gleichgewicht. Stehen Sie mit den Füßen fest auf dem Boden und strecken Sie sich mithilfe der Muskeln über den Kniescheiben und an Oberschenkeln, Becken und Taille nach oben. Heben Sie den Brustkorb an und schieben Sie die Schultern nach unten. Strecken Sie den Nacken, aber halten Sie das Kinn gerade, als zöge Sie ein Faden vom Scheitel aus nach oben.

1
Aufrecht stehen, Gewicht gleichmäßig auf Fersen und Zehen verteilen. Rechten Arm heben.

2
Zehen in den Boden krallen, linken Arm heben. Nach oben dehnen, die Schultern unten lassen. 5 Sekunden halten.

3
Handflächen aneinander legen, die Ellbogen gestreckt und möglichst nahe an den Ohren lassen. 5 Sekunden halten.

Dehnung nach oben 2

Mit dieser Dehnung gehen Sie einen Schritt weiter. Sie sammelt Ihre Aufmerksamkeit, während Sie auf den Zehen balancieren. Jeder
Muskel wird nach oben gezogen und gekräftigt, während der Geist
vollkommen ruhig bleibt. Je länger Sie auf den Zehen stehen, desto mehr
werden Sie Ihren Körper beherrschen. Es ist sehr wichtig, beim Dehnen
den Muskel über den Kniescheiben anzuspannen. So können Sie besser
das Gleichgewicht halten.

1

Mit geschlossenen Füßen
stehen, Arme über den Kopf
gestreckt. Fingerspitzen
verschränken, Ellbogen
gestreckt lassen.

2

Aufmerksamkeit nach vorne
richten, Fersen heben und
auf den Zehen balancieren.
Jeder Muskel des Körpers
nach oben strecken.

Seitliche Dehnung

Die Dehnung zur Seite ist wichtig für Beweglichkeit und jugendliches Aussehen. Sie bringt die Taille in Form und beseitigt überschüssiges Fett an Hüften und Oberschenkeln. Strecken Sie sich von der Hüfte statt von der Taille aus, halten Sie dabei das Becken gerade und die Füße fest auf dem Boden. Beugen Sie sich nicht nach vorne. Stellen Sie sich vor, Sie strecken sich von den Zehen bis zu den Fingerspitzen.

1
Aufrecht stehen, die Arme ausgestreckt. Die Füße stehen 1 m auseinander, die Zehen zeigen nach vorn. Normal atmen.

2
Einatmen und die Arme über den Kopf heben. Möglichst weit nach oben strecken, Handflächen nach oben, Finger verschränkt.

3

Ausatmen und nach rechts strecken.
Gewicht weiter auf beide Füße verteilen,
Fersen und Zehen in den Boden drücken.
Normal atmen und 10 Sekunden halten.

4

Zu Schritt 2 zurückkehren und weiter vom
unteren Rücken aus über die gesamte
Wirbelsäule strecken. Ausatmen und nach
links strecken. Normal weiteratmen und
10 Sekunden halten. Zu Schritt 1 zurückkehren und entspannen.

Das Dreieck

Das Dreieck geht noch einen Schritt weiter als die seitliche Dehnung und macht Beinmuskeln und Becken gelenkig. Die Dehnung der Wirbelsäule nach beiden Seiten erhöht ihre Elastizität, harmonisiert die Rückenmarknerven und lindert so Rückenschmerzen und Verrenkungen. Das Dreieck kräftigt auch die Brustmuskeln, stärkt die Bauchorgane und erhöht die Ausdauer. Diese Übung sieht zwar sehr einfach aus, aber in Wirklichkeit ist es schwerer als es aussieht, den Arm in Schritt 4 in Verlängerung des geraden Rückens zu halten.

1
Aufrecht stehen, Arme ausgestreckt. Schultern unten halten und Ellbogen strecken. Finger geschlossen halten. Die Füße stehen 1 m auseinander, Zehen nach vorne. Normal atmen.

2
Den linken Fuß um 90°, den rechten leicht einwärts drehen. Die linke Ferse sollte auf einer Höhe mit dem rechten Spann sein.

3

Ausatmen und vom Becken aus nach links dehnen. Linke Handfläche an den Knöchel legen, rechten Arm in gerader Linie mit der linken Schulter nach oben strecken. Zur rechten Hand sehen. Normal weiteratmen und 20 Sekunden halten.

4

Rechten Arm am Ohr vorbei strecken, Ellbogen gerade halten. Weiter nach oben sehen und Wirbelsäule strecken, bis die Haut darüber spannt. 15 Sekunden halten, dann zu Schritt 1 zurückkehren und die Übung mit dem rechten Bein wiederholen.

Vorwärts beugendes Dreieck

Diese Dehnübung stärkt die Beine und verbessert Gleichgewicht und Konzentration. Während der Kopf auf dem Knie ruht, ziehen sich die Bauchorgane zusammen und werden gekräftigt. Der Strom frischen Sauerstoffs belebt und reinigt diese Organe. Achten Sie bei dieser Übungsreihe darauf, dass Becken und Rumpf genau zu einer Seite zeigen. In der Kniekehle muss ein kräftiges Ziehen zu spüren sein. Wenn Sie das Knie nicht gerade halten können, beugen Sie es wie in Schritt 5.

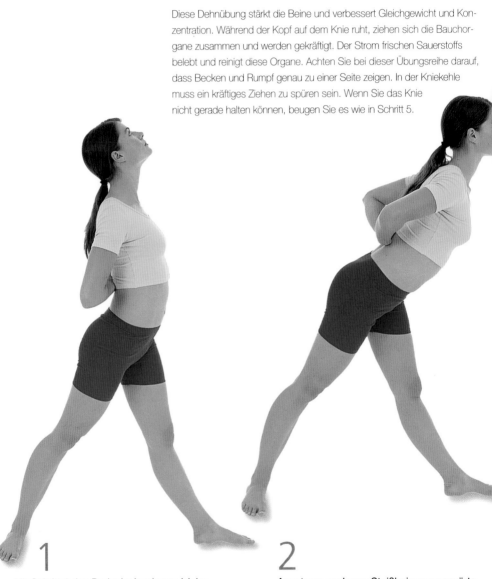

1

Mit Schritt 1 des Dreiecks beginnen (siehe Seite 64), dann zur Seite drehen, die Hände hinter dem Rücken verschränken. Nach oben sehen, dabei leicht ins Hohlkreuz gehen, einatmen.

2

Ausatmen und vom Steißbein aus vorwärts dehnen, das Kinn nach vorn gestreckt. Beide Knie durchdrücken, um das Gleichgewicht zu halten.

3

Wirbelsäule senken, bis sie parallel zum Boden ist, nach vorne schauen. Bauchmuskeln anspannen und normal weiteratmen. 5 Sekunden halten.

4

Stirn zum linken Knie sinken lassen, dann allmählich den Nacken strecken, bis die Nase auf der Kniescheibe ruht. Normal weiteratmen und 5 Sekunden halten.

5

Linkes Bein beugen und Dehnung verstärken, dazu den Kopf zur Innenseite des Knies fallen lassen. Normal weiteratmen und 5 Sekunden halten. Sequenz in umgekehrter Reihenfolge bis zu Schritt 1 durchführen. Auf dem rechten Bein wiederholen.

Drehung im Stehen

Diese Übung wird wie ein „gedrehtes Dreieck" durchgeführt und lindert bestimmte Rückenleiden, besonders Hexenschuss und Ischiasbeschwerden. Sie stärkt die Beinmuskeln, belebt die Bauchorgane und macht das Becken gelenkiger. Halten Sie die Beine gerade, beugen Sie sich von den Lendenwirbeln aus nach vorne und fahren Sie mit der Hand bis zum Knöchel hinunter. Umfassen Sie den Knöchel von hinten und drehen Sie den Körper so weit wie möglich ein.

1
Aufrecht stehen, Arme ausgestreckt, Schultern unten. Die Füße stehen 1 m auseinander, die Zehen zeigen nach vorn.

3
Normal weiteratmen und den Knöchel fassen, dabei den Körper eindrehen. Zum rechten Daumen hochsehen. 10 Sekunden halten. Übung wiederholen, dabei den linken Knöchel mit der rechten Hand greifen.

2
Einatmen. Beim Ausatmen die linke Hand nach vorne zum rechten Knöchel bringen. Den rechten Arm gerade nach oben strecken.

Der Held

Der Held ist eine dynamische Dehnübung, die Selbstvertrauen und Gelassenheit schafft. Entgegen dem Anschein ist es nicht einfach, in einer geraden Linie zu bleiben. Yoga lehrt die Kontrolle über die Bewegung, und für einen optimalen Nutzen muss jedes Detail beachtet werden. Während des Ausfallschritts darf das Knie nicht weiter vorne sein als der Fuß, da es sonst zu sehr belastet wird – zwischen Ober- und Unterschenkel sollte ein Winkel von 90° bestehen.

1

Aufrecht stehen, Arme ausgestreckt. Schultern unten halten, Ellbogen strecken. Finger geschlossen halten. Die Füße stehen 1,2 m auseinander, die Zehen zeigen nach vorne. Normal atmen.

2

Den linken Fuß um 90°, den rechten leicht einwärts drehen. Die linke Ferse sollte auf einer Höhe mit dem rechten Spann sein.

3

Mit dem linken Knie nach vorne kommen, bis der linke Oberschenkel parallel zum Boden ist. Wirbelsäule gerade halten, das rechte Bein bleibt gestreckt, der Fuß flach auf dem Boden. 10–15 Sekunden halten. Übung mit dem rechten Bein wiederholen.

Heldendreieck

Diese intensive Dehnübung kräftigt jeden Muskel und jede Sehne im Körper. Sie bringt die Vorderseite der Oberschenkel, Hüften und Taille in Form, belebt die inneren Organe und beruhigt die Nerven. Sie wirkt sich auch positiv auf das Endokrinsystem aus, das aus Hirnanhangsdrüse, Schilddrüse, Bauchspeicheldrüse und Keimdrüsen besteht, die alle Hormone ausschütten. Yogastellungen stärken das Endokrinsystem und bringen die Gefühle unter Kontrolle.

1

Aufrecht stehen, Arme ausgestreckt, Schultern gesenkt, Füße auseinander. Stellen Sie sich Ihren Körper in Position 4 vor, um ihn auf die folgenden schwierigen Bewegungen vorzubereiten.

2

Schritt 2 und 3 der Heldenstellung (siehe Seite 69) durchführen. Gewicht gleichmäßig auf beide Beine verteilen, Füße in Richtung Boden drücken. Zwischen Ober- und Unterschenkel sollte ein Winkel von 90° sein.

3

Linke Handfläche auf den Boden legen,
Rumpf nach oben drehen und dabei Bauch
und Becken nach vorne drücken, um die
Wirbelsäule zu strecken. Kopf drehen,
bis das Kinn die rechte Schulter
fast berührt. Tief atmen.
10 Sekunden halten.

4

Rechten Arm mit
gestrecktem Ellbogen nah am Ohr vor-
beiführen. Finger geschlossen halten, die
Handfläche zeigt nach unten. Rücken noch
etwas mehr strecken. Zu Schritt 2 und dann
zu Schritt 1 zurückkehren und Sequenz auf
dem anderen Bein wiederholen. Die Übung
wie auf dem Foto beenden.

Kopf-zum-Boden-Dehnung

Die Dehnung vom Becken aus nach vorne hat eine starke Wirkung auf das zentrale Nervensystem. Kniesehnen und Becken werden gelenkiger, und die Wirbelsäule wird durch die erhöhte Blutzirkulation belebt. Dabei ist es sehr wichtig, sich die Dehnung vom Steißbein aus vorzustellen statt von der Taille. Halten Sie den Rücken stets gerade und gehen Sie gleichmäßig und sanft in die Dehnung. Niemals federn oder ruckartige Bewegungen ausführen!

1

Einatmen. Hände an die Hüften legen, Füße in der 2. Position. Nach vorne beugen, Bauchmuskeln anspannen.

2

Ausatmen und Rumpf nach vorne sinken lassen. Ellbogen hinten lassen, damit die Brust sich öffnet.

3

Knöchel umfassen und Rumpf so weit nach unten senken, wie es angenehm ist, dabei die Ellbogen beugen.

5

Mit den Händen zurücklaufen, ausatmen und mit den Füßen in die 1. Position springen, Fersen angehoben.

6

Einatmen, Rücken strecken und auf den Zehen balancieren. Aufstehen und dabei die Wirbelsäule vorsichtig gerade machen.

4

Hände flach auf den Boden legen, mit den Händen so weit wie möglich nach vorne laufen, dabei die Wirbelsäule strecken. 30 Sekunden halten.

Seitliche Dehnübung im Sitzen

Es ist sehr wichtig, die richtige Dehntechnik zu erlernen. Häufig wird der Oberkörper eher von der Taille aus abgeknickt und der Rücken rund gemacht; das sollte jedoch vermieden werden, da es die Vorderseite des Körpers zusammendrückt, die Bänder belastet und Druck auf die Bandscheiben ausübt. Strecken Sie sich eher vom Steißbein aus nach vorne. Die Vorwärtsdehnung verbessert die Blutzirkulation in den Nieren, und viele Giftstoffe werden aus dem Körper gespült. Die inneren Organe und die Bauchmuskeln werden gekräftigt, Rückenprobleme durch die Stimulierung des Ischiasnervs gelindert und die Elastizität vor allem von Becken, Kniesehnen und Wirbelsäule erhöht.

1

Möglichst aufrecht sitzen. Linkes Bein vor dem Körper ausstrecken, Zehen anziehen. Rechtes Knie beugen, rechten Fuß innen an den linken Oberschenkel legen. Arme entspannen.

2

Vom Steißbein aus nach vorne strecken, linken Ellbogen beugen, Zehen umfassen. Rechtes Knie unten halten. Bauchmuskeln anspannen.

3

Den rechten Arm über den Kopf heben, Hände zusammenbringen. Nach oben sehen, um die Dehnung zu verstärken. Normal weiteratmen und 20 Sekunden halten. Zu Schritt 1 zurückkehren und auf der anderen Seite wiederholen.

Seitliche Becken-Oberschenkel-Dehnung

Für viele ist es zunächst schwierig, aufrecht in der Grätsche zu sitzen, weil die Bauch- und unteren Rückenmuskeln schwach sind. Drehen Sie während der gesamten Übung die Oberschenkel nach hinten und drücken Sie die Kniescheiben nach unten. Unter den Knien sollte kein Raum bleiben. Wenn es Ihnen gelingt, fassen Sie in Schritt 2 Ihren großen Zeh.

1

Aufrecht sitzen, Steißbein in den Boden schieben. Handflächen aneinander legen, Beine in der 2. Position grätschen. Normal weiteratmen, dann einatmen. Langsam ausatmen und dabei nach links beugen.

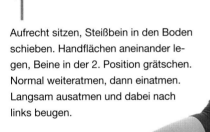

2

Über das linke Bein nach vorne strecken und mit beiden Händen den linken Fuß fassen. 10 Sekunden tief atmen. Zur Ausgangsposition zurückkehren und die Übung wiederholen, diesmal nach rechts beugen. Die Ausgangsposition wieder einnehmen.

Wirbelsäulendehnung

Nur durch Übung und Beharrlichkeit werden Becken und Oberschenkel so geschmeidig, dass Sie das Ziel dieser Übung erreichen können – den Kopf nach vorne auf dem Boden abzulegen. Machen Sie keine abrupten Bewegungen. Atmen Sie tief und entspannen Sie sich in Schritt 3, um die Elastizität zu erhöhen.

1 Möglichst aufrecht sitzen, Steißbein in Richtung Boden schieben. Beine in der 2. Position so weit wie möglich grätschen. Zehen anziehen, Kniescheiben nach unten drücken. Tief atmen.

2 Beine gerade halten, Hände seitlich an die Knie, Knöchel oder Fersen legen.

3

Arme vor dem Körper flach auf den Boden
legen, dabei möglichst weit nach
vorne strecken.

4

Noch tiefer atmen und entspannen, weiter
nach vorne strecken. Spüren Sie, wie das
Becken sich lockert. 20 Sekunden halten.

Schmetterling

Diese Dehnung soll vor allem auf die Hüftgelenke wirken. Beim Vorwärtsbeugen in dieser Stellung hilft das Körpergewicht, Becken und Oberschenkel sanft zu öffnen. Atmen Sie beim Schmetterling tief vom Zwerchfell aus,
um die Muskeln zu lockern und zu entspannen.

1

Fußsohlen aneinander legen, Zehen greifen.
Normal atmen.

2

Mit geradem Rücken nach vorne lehnen. Das Kinn zeigt nach vorn. Wenn
die größtmögliche Dehnung erreicht ist,
Rumpf sinken lassen und entspannen.

3

Stirn langsam auf die Füße sinken lassen. Die Knie auseinander drücken,
ohne Gewalt auszuüben. 10 Sekunden
halten und tief atmen.

Lebenskraft

Diese Atemtechnik zentriert den Körper und hält den Geist ruhig. Sie erzeugt einen gleichmäßigen Energiefluss, der angespannte Muskeln löst. Konzentrieren Sie sich bei dieser Technik darauf, wie die Energie nach den Dehnübungen durch Ihren Körper fließt. Sitzen Sie im Lotussitz oder im halben Lotussitz. Wenn Ihnen das zu unbequem ist, können Sie auch im Schneidersitz oder in einem Sessel sitzen.

1

Daumen und Zeigefinger aneinander legen, die Handflächen nach oben. Wirbelsäule beugen, Kinn auf die Brust sinken lassen.

2

Stellen Sie sich die Energie gebündelt am Ende der Wirbelsäule vor. Langsam einatmen, Wirbelsäule vollkommen aufrichten. Normal weiteratmen. Arme strecken. Spüren Sie, wie die Energie über die Wirbelsäule durch den Scheitel und in die Fingerspitzen fließt. 5 Minuten oder länger in dieser Position bleiben.

Klassisch

Dieses Kapitel basiert auf den bekanntesten asanas aus dem Hatha Yoga, die Geist und Körper harmonisieren. Die Übungen sollen die Ausdauer aufbauen, Gelenkigkeit und Geschmeidigkeit erhöhen und den Geist für eine bessere Konzentration sammeln. Häufig spielt das Gleichgewicht eine Rolle. Gleichgewicht entspringt aus einem gesammelten Geist; das Halten einer Stellung über einen bestimmten Zeitraum zwingt Geist und Körper in eine natürliche Harmonie. Das Ergebnis ist ein Gefühl von Ruhe und Entspannung.

Klassische Übungen sind sehr schwierig und dynamisch. Vielleicht fallen sie Ihnen zuerst schwer, aber mit regelmäßiger Übung werden Sie bald Fortschritte machen. Denken Sie stets daran, vom Zwerchfell aus tief durch die Nase zu atmen. Jede asana wirkt auf bestimmte Organe, und die richtige Atmung ist wichtig, damit frischer Sauerstoff die Zellen in diesen Organen wieder auffüllen kann.

Über die Freude, diese asanas zu meistern, wird Ihr Leben von einer neuen Einstellung, besserer Gesundheit und einer positiveren Grundhaltung bestimmt werden.

Der Adler

Der Adler erfordert Konzentration und Gelenkigkeit. Er kräftigt die Waden-
muskeln und verbrennt überflüssiges Fett an den Oberschenkeln. Fixieren
Sie einen Punkt vor Ihnen und versuchen Sie, möglichst still zu stehen.
Dies ist eine „Erdungsübung", also versinken Sie immer tiefer in das Knie
des Standbeins. Atmen Sie normal und wiederholen Sie die Sequenz auf
dem anderen Bein.

1

Aufrecht mit geschlossenen Füßen
stehen, mit der linken Hand die
Nase berühren und den rechten Arm
ausstrecken, um das Gleichgewicht
zu halten.

2

Knie beugen, linkes Bein um das
rechte legen. Je mehr Sie es beugen,
desto weiter werden Sie das Bein
herumlegen können.

3

Rechten Arm so unter den linken
legen, dass die Ellbogen sich
kreuzen. Schulterblätter unten
und gerade ausgerichtet halten.

4

Rechte Hand um den linken Vorder-
arm zum Gesicht drehen. Rechte
Handfläche gegen die linke drücken.

Der horizontale Tänzer

Der Tänzer ist eine der schwierigsten klassischen Stellungen, da er Gleichgewicht, Gelenkigkeit, Ausdauer und Kraft erfordert. Die Übung fördert Konzentration und Entschlossenheit und leitet die Blutzirkulation von einer Körperseite zur anderen. Die Energie kann im Kreis fließen, der Körper wird belebt. Zusätzlich weiten sich Brustkorb und Lungen und der Rücken wird stärker und elastischer. Der Tänzer verbessert auch die Muskelspannung, belebt den Kreislauf und vermindert Zellulitis.

Das Schwierige ist, die Stellung möglichst lange zu halten. Versuchen Sie, die Endstellung immer länger zu halten. Wenn er gerade ausgerichtet ist, hält der Körper über beträchtliche Zeit das Gleichgewicht.

Der Tänzer sieht statisch aus, ist aber eine Ganzkörperdehnung, die in der Endstellung fortgeführt wird. Stellen Sie sich Ihren Körper als ein Gummiband vor, an dem von beiden Seiten gezogen wird. Verstärken Sie die Dehnung, indem Sie die Zehen nach oben und den Arm nach vorne strecken, bis ein 90°-Winkel zwischen Arm, Körper und Bein entsteht.

1

Aufrecht stehen, einen Punkt vor dem Körper fixieren. Auf dem rechten Bein balancieren. Linkes Bein hinter dem Körper heben, den Fuß dabei von der Innenseite umfassen.

2

Rechten Arm heben, um das Gleichgewicht zu halten. Ellbogen gestreckt lassen, die Fingerspitzen zeigen aufwärts, das Becken ist gerade. Einatmen.

3

Ausatmen. Bein kräftig nach
oben und hinten schleudern.
Fußmitte fest umfasst halten.

4

Normal weiteratmen und nach vorne und
oben strecken. 10 Sekunden halten, später
auf 1 Minute steigern, wenn möglich. Entspannen und die Übung dann auf dem
anderen Bein wiederholen.

Seitliche Beinstreckung

Auch diese Übung im Stehen fördert Konzentration, Gleichgewicht und Gelenkigkeit. Am wichtigsten ist es, daran zu denken, das Standbein während der gesamten Übung vollkommen gerade zu halten. Es ist leichter, das Gleichgewicht zu halten, wenn Sie den Muskel über der Kniescheibe anspannen. Wenn Sie das Bein in Schritt 4 nicht ganz ausstrecken können, keine Sorge – es ist wichtiger, das Becken gerade und das Standbein gestreckt zu halten.

1

In der 2. Position stehen, die Füße etwa 10 cm auseinander, die Arme an den Seiten. Einen Punkt vor dem Körper fixieren und normal atmen.

2

Rechte Hand an die Taille legen. Mit der linken Hand den linken Fuß an die Innenseite des rechten Oberschenkels ziehen, das Standbein dabei gerade halten.

3

Zeige- und Mittelfinger um den großen Zeh
legen, Daumen abspreizen. Beim Greifen
des Fußes mit gerader Wirbelsäule leicht
nach rechts lehnen.

4

Einatmen und das Bein so weit wie möglich
zur Seite ausstrecken. Ausatmen, normal
weiteratmen und 5 Sekunden halten. Zu
Schritt 1 zurückkehren und die Übung mit
dem rechten Bein wiederholen.

Schulterstand

Im Schulterstand wird die Schilddrüse gut durchblutet. Die Schilddrüse sitzt im Hals und ist die wichtigste Drüse im Endokrinsystem – sie steuert den Stoffwechsel, der Gewichtszunahme und -abnahme stabilisiert, und korrigiert auch hormonelles Ungleichgewicht.

1

Flach auf dem Boden liegen, Handflächen nach unten. Einatmen und Knie zur Brust ziehen.

2

Beine durchdrücken und Zehen strecken, dabei die Bauchmuskeln anspannen. Zehen gestreckt und Knie gerade halten.

3

Ausatmen und Handflächen nach unten
drücken. Beine über den Kopf in die
Pflugstellung schwingen. Kinn fest an die
Brust drücken.

4

Einatmen. Kreuz mit den Händen abstützen,
Beine nach oben strecken. 30 Sekunden bis
1 Minute halten, normal weiteratmen.

5

Für diese Variation normal weiteratmen und die Beine in die 2. Position spreizen, dabei das Kreuz weiter mit den Händen abstützen.

6

Rechtes Bein über den Kopf schwingen, bis es parallel zum Boden ist. Füße entspannen.

7

Rechtes Bein nach oben strecken und linkes über den Kopf schwingen wie zuvor das rechte.

8

In die Spreizstellung zurückkehren und
die Beine so weit wie möglich grätschen.
Wirbelsäule gerade halten.

9

Fersen und Zehen in einem Dreieck
aneinander legen. 5 Sekunden halten.

10

Beide Beine in den Schulterstand heben,
dann das linke Bein quer stellen, sodass
der Fuß an der Innenseite des rechten
Beins ruht. Übung mit dem anderen Bein
wiederholen.

11

In den Schulterstand zurückkehren, Wirbelsäule strecken. Kinn fest auf die Brust drücken.

12

Knie beugen und in Richtung Stirn sinken lassen. Führen Sie diese Bewegung langsam und sanft aus.

13

Knie zur Stirn sinken lassen, dabei den Rücken möglichst gerade halten.

14

Arme auf den Boden legen. Wirbelsäule langsam ablegen, dabei jeden Wirbel einzeln in den Boden drücken. Das Steißbein erreicht zuletzt den Boden. Wenn die Wirbelsäule gerade ist, die Schultern und die Arme entspannen.

15

Beine in einer flüssigen Bewegung ablegen. Keine abrupten Bewegungen machen.

16

Auf dem Boden entspannen, tief atmen. Die Energie kribbelt nun durch die ganze Wirbelsäule, die Zehen und die Fingerspitzen.

Der Fisch

Der Fisch sollte immer auf den Schulterstand folgen, um eine Gegenbewegung für die Wirbelsäule zu schaffen. Der Brustkorb weitet sich, der Atem wird tiefer, die Halsdehnung ist gut für die Schilddrüse und Bein- und Bauchmuskeln werden harmonisiert. Der Fisch sorgt auch für eine bessere Durchblutung des Gesichts und wirkt Falten sowie schlaffen Muskeln in Nacken und Hals entgegen.

1

Flach auf dem Boden liegen, Handflächen nach oben. Normal atmen, gerade nach oben sehen, Gesichtsmuskeln entspannen.

2

Einatmen und Brustkorb vom Boden zur Decke heben. Auf den Scheitelpunkt des Kopfes stützen, um die Stellung auszubauen.

3

Normal weiteratmen und Handflächen aneinander legen. Auf dem Scheitel balancieren. Dabei den Brustkorb weiter nach oben heben.

4

Einatmen und langsam das rechte Bein heben, dabei auf die Bauchmuskeln konzentrieren. 10 Sekunden lang halten, dabei normal weiteratmen.

5

Ausatmen und das rechte Bein langsam senken. Einatmen und linkes Bein heben, 10 Sekunden halten, ausatmen und langsam senken.

6

Normal weiteratmen, Nacken und Schultern lösen. Körper auf den Boden senken, tief atmen.

Das Rad

Das Rad ist eine intensive Dehnübung für die Wirbelsäule, die Energie in
Zellen, Drüsen und Organen des Körpers freisetzt. Die Muskeln in Beinen,
Becken, Schultern und Armen und ebenso die Wirbelsäule und ihre Bänder
werden vollständig gebeugt und gedehnt. Das öffnet den Brustkorb und
vergrößert die Lungenkapazität. Diese Übung ist auch gut gegen Rückenschmerzen.

1

Normal atmen, flach auf dem Boden liegen,
Knie gebeugt und Füße möglichst
eng am Gesäß. Die Füße
stehen in einer Linie mit
den Hüften.

2

Einatmen und das Becken so weit wie
möglich heben. Knöchel umfassen, wenn
die Dehnung intensiver sein soll.
Normal weiteratmen,
10 Sekunden halten.

3

Tief atmen, Hände mit den Handflächen
nach unten neben den Kopf legen, die
Fingerspitzen zeigen zu den Ohren.

4

Einatmen und dabei Becken und Brustkorb
heben. Kopf heben und Scheitel auf dem
Boden ablegen. Schultern und unteren
Rücken anheben und ausatmen.
10 Sekunden halten, dabei
normal weiteratmen.

5

Füße in Richtung Boden drücken,
Becken heben und Arme strecken.
Normal atmen und so lange wie
möglich halten.

Die Kobra

Die Kobra stärkt die Muskeln im Lendenwirbelbereich, lindert so Rückenschmerzen und ermöglicht eine vollkommen aufrechte Haltung der Wirbelsäule. Sie lindert auch die Symptome von Hexenschuss, Rheuma und
Wirbelsäulenarthritis und reguliert den Menstruationszyklus. Die Kobra weitet den Brustkorb, kräftigt Handgelenke und Nacken und harmonisiert
Schild- und Nebennierendrüse.

1

Flach mit dem Kinn auf dem Boden liegen,
Arme eng an den Körper ziehen, Hände
unter den Schultern.

2

Einatmen und Handflächen nach unten
drücken. Brustkorb vom Boden heben
und nach oben sehen. 10 Sekunden halten,
normal weiteratmen.

3

Zu Schritt 1 zurückkehren, dann die Hände
so drehen, dass die Fingerspitzen nach
innen zu den Schultern zeigen und die
Ellbogen nach außen weisen.

4

Einatmen und Handflächen nach unten
drücken. Die Mitte des Rückens und den
Kopf nach oben heben. Normal weiteratmen
und 10 Sekunden halten. Ausatmen und zu
Schritt 3 zurückkehren. Die ganze Übung
zweimal wiederholen.

Der Bogen

Der Bogen ist eine Rückwärtsbeuge, die nicht nur jeden Muskel im Körper kräftigt, sondern auch den Brustkorb öffnet und die Lungen weitet. Er aktiviert die Wirbelsäule, ohne das Kreuz zu belasten. Der obere Rücken und das Becken dehnen sich zu einer fortlaufenden Kurve. Durch die zunehmende Geschmeidigkeit wird Energie frei, die jede Zelle belebt und dem Körper ein jugendliches Gefühl verleiht.

Die meisten Menschen beugen sich im Alltag nie nach hinten. Wenn diese Übung also für Sie besonders schwierig ist, heben Sie zunächst nur Kopf und Füße vom Boden. Beim Strecken nach oben stellen Sie sich eine Vorwärtsdehnung vom oberen Rücken aus vor, während Sie gleichzeitig die Beine nach oben stoßen.

1

Flach mit dem Kinn auf dem Boden liegen. Knie anwinkeln, Knöchel umfassen.

2

Einatmen und in einer Bewegung Kopf und Beine anheben, dabei auf den Hüftknochen balancieren. Normal weiteratmen und 20 Sekunden lang halten.

3

Ausatmen und zu Schritt 1 zurückkehren. Füße umfassen und Fersen ans Gesäß drücken, um die Oberschenkel zu lockern.

Katzenstreckung

Nach Rückwärtsbeugen wie dem Bogen ist es wichtig, die Wirbelsäule zu
dehnen, um Spannungen und Blockaden zu lösen. Halten Sie bei intensi-
ven Rückwärtsbeugen die Bewegungen so flüssig wie möglich, sonst kann
es zu Verspannungen in Teilen der Wirbelsäule kommen.

1

Flach mit dem Kinn auf dem
Boden liegen. Hände unter die
Schultern schieben.

2

Einatmen, mit den Händen
nach oben abstoßen. Arme
nach vorne, Steißbein nach
hinten strecken. Ausatmen,
Wirbelsäule dehnen.

3

Normal weiteratmen. Stirn auf
dem Boden lassen, Arme nach
oben strecken. Entspannen
und 20 Sekunden halten.

Zehenspitzenstellung

Diese Stellung lehrt Konzentration und Geduld. Wenn die Wirbelsäule sich aufrichtet und der Körper gerade ist, fühlen Sie sich schwerelos. Geist und Körper sind in Harmonie, Sie verspüren ein Gefühl der Hochstimmung. Die Zehenspitzenstellung lindert auch Arthritis in Knien und Knöcheln. Atmen Sie während der ganzen Übung normal.

1

Körper zentrieren, auf den Zehen balancieren. Fingerspitzen auf den Boden setzen, um das Gleichgewicht zu halten.

2

Linkes Bein nach vorne strecken, Knie über das rechte Bein legen. Wirbelsäule so weit wie möglich aufrichten. Auf dem Fußballen balancieren.

3

Wenn der Körper im Gleichgewicht ist, Handflächen aneinander legen. 10 Sekunden lang halten, Übung auf dem anderen Bein wiederholen.

Wechselatmung

Diese klassische pranayama-Übung bringt die männliche Energie der rechten und die weibliche Energie der linken Körperseite ins Gleichgewicht. Wenn Sie einzeln durch die Nasenlöcher atmen, werden Sie sich des Atems bewusst und können sich sammeln. Wenn Sie die Sequenz beendet haben, wiederholen Sie Schritt 2 und 3 je 10 Sekunden lang.

1

Aufrecht im halben Lotussitz oder im Schneidersitz sitzen und einen Punkt vor dem Körper fixieren. Daumen und Zeigefinger jeder Hand aneinander legen und 8 Sekunden tief atmen. Dann die mittleren drei Finger der rechten Hand an die Handfläche legen, Daumen und kleinen Finger abspreizen.

2

Linkes Nasenloch mit dem kleinen Finger der rechten Hand zuhalten und 10 Sekunden lang nur durch das rechte Nasenloch atmen.

3

Nun das rechte Nasenloch mit dem Daumen verschließen und 10 Sekunden durch das linke Nasenloch atmen.

Entspannung

Jeder erlebt im Alltag Stress in wechselnder Intensität. Ständig bringt uns etwas aus dem Gleichgewicht. Es ist schwierig, mit Beziehungen, Kindern, einer anspruchsvollen Arbeit oder Veränderungen umzugehen, aber die negativen Auswirkungen von Stress können bekämpft werden.

Bestimmte Bereiche des Körpers sind anfälliger für Stress als andere, besonders Nacken, Schultern, oberer und unterer Rücken, Bauch, Beine und Füße. So führt langes Stehen oder Sitzen zu Spannungen in den Knöcheln, geschwollenen Füßen, Bauchschmerzen, Magenverstimmungen, Magengeschwüren und Gefühlschaos. Die Spannung in Nacken und Schultern behindert die Blutzufuhr zum Gehirn, was zu Kopfschmerzen führt. In diesem Kapitel wird die Kunst der Entspannung durch spezielle Stellungen gezeigt, in denen einzelne Muskelgruppen angespannt und entspannt werden. Die Technik arbeitet sich von den Zehen bis zum Kopf aufwärts durch den Körper. Zusammen mit der richtigen Atmung verringern die Übungen die physischen Auswirkungen von Stress auf den Körper und bauen Energien auf, die ein Gefühl von innerem Frieden schaffen und zu großer Konzentrationsfähigkeit verhelfen.

Yoga ist hier die ideale Lösung, da es lehrt, Gleichgewicht und Harmonie im Leben wiederherzustellen.

Schulterentspannung

Viele Menschen bekommen bei Anspannung und Unruhe Schmerzen in Nacken und Schultern. Diese Übung hilft dabei, Spannungen in dieser Muskelgruppe zu lösen. Achten Sie darauf, langsam und allmählich zu beginnen, um die schon verspannten Muskeln nicht noch zu stauchen, und konzentrieren Sie sich darauf, die Wirbelsäule gerade zu halten, um Nacken und Schultern zu isolieren.

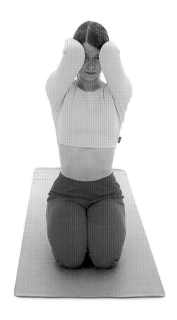

2

Ausatmen und die Ellbogen zusammenbringen. Wirbelsäule gerade halten und nur die Arme bewegen.

1

Im Fersensitz knien, Wirbelsäule möglichst weit heben. Fingerspitzen hinter dem Kopf verschränken, Ellbogen so heben, dass sie auf gleicher Höhe und die Unterarme parallel zum Boden sind. Einatmen.

3

Einatmen und zur Decke sehen. Ellbogen öffnen, Wirbelsäule nicht beugen.

4

Ausatmen und Ellbogen nach oben weisend zusammenbringen.

5

Einatmen, Blick auf die Oberschenkel. Ellbogen öffnen. Die Schultern bleiben unten.

6

Ausatmen, Ellbogen zusammenbringen. Wirbelsäule nicht beugen. Die gesamte Übung viermal wiederholen.

Drehsitz

Stress führt zur Produktion von Giftstoffen in den inneren Organen. Durch den Drehsitz werden Toxine in Nieren, Leber, Magen und Milz beseitigt. Er erhöht auch die Gelenkigkeit der Wirbelsäule und lindert Rückenschmerzen, indem er Versteifungen in den Füßen und im oberen und unteren Rücken löst.

1

Aufrecht hinsetzen und beide Beine vor dem Körper ausstrecken. Füße anziehen, Zehen nach oben strecken.

2

Rechtes Bein unter dem linken anwinkeln. Darauf achten, dass die Kniescheiben sich in einer Linie mit den Hüftknochen befinden. Wirbelsäule vollkommen gerade halten.

3

Linkes Bein beugen und Knöchel gerade gegen das rechte Knie stellen. Gesäß dabei unten halten.

4

Rechten Arm über das linke Bein an die Außenseite des Knies legen. Die rechte Handfläche zeigt nach vorn. Linke Hand auf das linke Schienbein legen.

5

Ellbogen gegen das Knie drücken und linke Hand hinter dem Körper absetzen. Die Handfläche liegt vollständig auf dem Boden auf. Wirbelsäule eindrehen.

6

Kopf möglichst weit nach links drehen, um die Dehnung zu verstärken. 10 Sekunden halten. Übung auf der anderen Seite wiederholen.

Kopf-Knie-Stellung

Das seitliche Eindrehen des Körpers erhöht die Geschmeidigkeit der Wirbelsäule. Die Rückenmuskeln werden stimuliert, die Bauchdecke gekräftigt. Wenn Bein und Fuß im halben Lotussitz an den inneren Oberschenkel gelegt werden, übt das auf Leber und Magen einen enormen Druck aus und einen geringeren auf Nieren und Darm.

Auf diese Weise werden alle Bauchorgane massiert und die Blutzirkulation erhöht; das unterstützt die Beseitigung von Giftstoffen, die beim Verdauungsprozess entstehen.

Wenn möglich, können Sie in Schritt 1 einen echten halben Lotussitz einnehmen und den rechten Fuß auf den linken Oberschenkel statt an die Innenseite legen. Wenn Sie in Schritt 5 die Fußsohle nicht erreichen, legen Sie die Hände auf Knie oder Knöchel. Atmen Sie während der ganzen Sequenz normal und halten Sie jede Stellung 5 Sekunden.

1

Linkes Bein gerade vor der Hüfte ausstrecken, rechten Fuß an den inneren linken Oberschenkel legen. Den großen Zeh greifen.

2

Wirbelsäule eindrehen und über die rechte Schulter sehen. Rechten Arm hinter den Rücken legen und die linke Hüfte greifen (bzw. im halben Lotussitz die Zehen des rechten Fußes). Oberschenkel und Knie nach unten drücken, den linken großen Zeh anziehen.

3

Rechten Arm zur Decke strecken und nach oben zur Handfläche sehen. Darauf achten, dass der Ellbogen gerade und die Finger geschlossen sind. Linken Ellbogen in Richtung Boden beugen.

4

Beide Arme lösen und nach vorne bringen. Vom Steißbein aus nach vorne strecken. Mit den Fingerspitzen die Fußsohle umfassen.

5

Nach vorne sinken lassen, dabei tief atmen. Kopf möglichst tief zum Knie bringen. Position halten, dann langsam aufrichten.

Drehübung im Liegen

Diese sanfte Drehübung entspannt die gesamte Wirbelsäule. Sie lindert
Rückenschmerzen und beugt Rückenleiden wie Ischias und Hexenschuss
vor. Ziehen Sie die Knie so nah wie möglich an die Arme, um die Wirbelsäule mehr zu dehnen. Wenn Sie die Schultern flach auf dem Boden halten
und den Kopf in die Gegenrichtung drehen, spüren Sie eine zusätzliche
Dehnung in Nacken, Schultern, oberem und unterem Rücken sowie im
Steißbein. Beim Drehen von einer Seite auf die andere die Knie zusammen-
halten und die Bauchmuskeln anspannen.

1

In Position 1 der Tiefenentspannung (siehe
Seite 122) einatmen und die Knie zur Brust
ziehen, die Unterschenkel bleiben parallel zum
Boden. Arme mit den Handflächen nach unten
seitlich ausstrecken. Nach oben sehen, Nacken
und Schultern entspannen. Kiefermuskeln bei
geschlossenem Mund lockern.

2

Ausatmen und beide Knie zusammen so
nahe wie möglich am rechten Arm ablegen.
Zehen strecken. Nach links sehen und die
Schultern am Boden halten.

3

Einatmen und Kopf und Knie zurück in die
Mittelstellung bringen. Langsam und flüssig
bewegen.

4

Ausatmen und Knie nach links sinken
lassen. Nach rechts sehen. Dehnung verstärken und die Knie so weit wie möglich
zum linken Arm bringen. Einatmen und zu
Schritt 3 zurückkehren. Die gesamte Übung
viermal wiederholen.

Das Kamel

Diese intensive Rückwärtsdehnung belebt die gesamte Wirbelsäule
und weitet den Brustkorb, sodass die Lunge tiefer atmen kann. Das Kamel
verbessert die Gelenkigkeit in Nacken und Wirbelsäule und
lindert Rückenschmerzen durch die Stärkung der unteren Rückenmuskeln.
Denken Sie daran, das Becken so weit wie möglich nach vorne
zu schieben, das erhöht Ausdauer und Kraft. Das weite Öffnen der Brust
erzeugt eine positive Einstellung und hilft bei der Erlangung dynamischer
Kontrolle über den ganzen Körper. Endstellung 10 Sekunden
halten und langsam aufrichten.

1

Auf dem Boden knien, die Beine senkrecht
unter den Hüftknochen. Arme hinter dem
Rücken kreuzen und 30 Sekunden halten.

2

Tief einatmen, nach oben sehen und
das Becken nach vorne schieben,
dabei die Arme fallen lassen. Nacken
und Hals entspannen.
30 Sekunden halten.

3

Ausatmen und Arme lösen, Becken auf die
Fersen sinken lassen. Diese Umkehrstellung
beruhigt die Wirbelsäule.

4

Normal weiteratmen, entspannen
und Stirn sanft auf dem Boden
absetzen. 10 Sekunden verharren,
um die Spannung im Rücken zu lösen.

Das Kaninchen

Das Kaninchen wird im Hatha Yoga als Vorübung zum Kopfstand durchgeführt. Die Übung dehnt die Wirbelsäule, verbessert Elastizität und Beweglichkeit und versorgt das Nervensystem mit viel frischem Sauerstoff. Das Kaninchen unterstützt auch die Verdauung und verhindert Erkältungen, Nebenhöhlenerkrankungen und chronische Mandelentzündung. Es hat eine wohltuende Wirkung auf die Schilddrüse, die den Stoffwechsel reguliert und den Körper gegen Giftstoffe schützt.

   Die Stellung des Kopfes, der in Schritt 5 etwa 25 Prozent des Körpergewichts trägt (das übrige Gewicht sollte gleichmäßig auf den Körper verteilt sein), bekämpft durch die Stimulation der Hirnanhangdrüse Senilität und sorgt für ein Gefühl der Jugend. Halten Sie die Endstellung 20 Sekunden, richten Sie sich dann langsam wieder auf, kehren Sie in genau umgekehrter Reihenfolge zu Schritt 1 zurück und wiederholen Sie die ganze Übung noch einmal.

1

Mit aufgestellten Zehen auf dem Boden knien. Auf die Fersen setzen und diese mit den Händen umfassen. Einatmen.

2

Ausatmen und den Rumpf langsam in einem 45°-Winkel nach vorne sinken lassen. Wirbelsäule gerade halten, Bauchmuskeln anspannen.

3

Einatmen und Position halten, wenn der Rücken genau parallel zum Boden ist. Zehen fest unten halten, den kleinen Zeh in den Boden schieben.

4

Ausatmen und den Rumpf langsam nach vorne einrollen, um die Stirn möglichst nahe an die Knie zu bringen. Normal weiteratmen.

5

Kopf bis zum Scheitel abrollen. Ellbogen strecken, mit angehobenem Becken weiter nach vorne einrollen. 20 Sekunden halten.

Atmen und Entspannen

Tiefes Atmen wirkt wie ein natürliches Beruhigungsmittel. Es besänftigt das Nervensystem und hilft Ihnen, die Dehnung durch das Körpergewicht zu verstärken. Nicht federn oder Bewegungen erzwingen, das führt nur zu unnötiger Belastung. Atmen und entspannen Sie sich einfach und erkunden Sie die Aufgabe, mit Brust und Stirn bis zum Boden zu kommen. Halten Sie jede Stellung in der Sequenz 5 Sekunden.

1

Aufrecht in weit gegrätschter 2. Position auf dem Boden sitzen, die Kniekehlen auf dem Boden. Die Zehen anziehen. Einatmen und die Arme über den Kopf strecken. Ellbogen gerade halten, Fingerspitzen verschränken und zur Decke sehen.

2

Ausatmen und die Arme auf Schulterhöhe gerade nach vorne strecken. Becken nicht nach vorne kippen, das Gesäß bleibt auf dem Boden.

3

Normal atmen, vom Becken aus nach vorne strecken. Möglichst die Fersen umfassen. Die Knie gestreckt und den Rücken gerade halten.

4

Um die Dehnung zu verstärken, beide Hände neben den linken Fuß legen. So weit wie möglich strecken, ohne Becken und Füße zu kippen. Langsam ein- und ausatmen, dann normal weiteratmen.

5

Mit den Händen im Halbkreis vor dem Körper laufen, die rechte Hand vorn. Dabei weiter über die Körpermitte strecken. Das belebt die Blutzirkulation in der Beckengegend, stimuliert die Eierstöcke und hilft, den Menstruationszyklus zu regulieren.

6

Hände zum rechten Bein bewegen. Dabei das Becken nicht vom Boden abheben lassen und die Knie nach unten drücken, sodass zwischen Beinen und Boden kein Raum ist.

7

Beide Beine umfassen und bei jedem Ausatmen von Steißbein und Becken aus nach vorne strecken. Die Schultern bleiben entspannt. Weiter langsam ein- und ausatmen. Bei jedem Ausatmen nach vorne gehen; stellen Sie sich dabei vor, wie alle Spannung den Körper verlässt.

8

Gleichmäßig weiteratmen. Wenn möglich, den Boden mit Brust und Stirn berühren. 10 Sekunden halten, dann langsam aufsetzen. Beine langsam zusammenbringen und schütteln.

Nervenberuhigung

Diese Atemtechnik massiert und reinigt die Bauchorgane. Sie hilft, die Verdauung zu regulieren, und stärkt die Bauchdecke. Die mentale Konzentration steigt durch das Koordinieren des kräftigen Ausatmens über die Lippen und des Zusammenziehens der Bauchmuskeln. Bewegen Sie keinen anderen Teil des Körpers, besonders nicht Arme, Schultern oder unteren Rücken. Konzentrieren Sie sich nur auf den Bauch und denken Sie an den frischen Sauerstoff, der Ihren Körper belebt. Sitzen Sie zu Beginn der Übung aufrecht (wie in Schritt 2) mit geraden Armen, ausgestellten Ellbogen und den Händen auf die Knie gestützt.

1

Tief und langsam durch die Nase einatmen. Durch den Mund ausatmen, dabei kräftig durch die Lippen blasen, als wollten Sie eine Kerze löschen. Gleichzeitig beim Ausatmen Bauchmuskeln anspannen und nach innen ziehen. Rücken beugen.

2

Einatmen und den Rücken strecken bis zur vollkommen aufrechten Position. Ausatmen und normal weiteratmen. Die Sequenz muss zwölfmal wiederholt werden, damit sie von Nutzen ist.

Die Katze

Diese Übung stimuliert Nieren und Dickdarm; so werden Giftstoffe aus dem System entfernt, bevor sie in den Blutkreislauf geraten. Lassen Sie während der ganzen Übung die Ellbogen durchgedrückt. Wiederholen Sie die Sequenz viermal.

1

In den Vierfüßlerstand gehen. Ausatmen, dabei den oberen Rücken rund machen, bis der Kopf zwischen die Hände sinkt. Bauch und Gesäß anspannen.

2

Einatmen, dabei den Rumpf nach unten vorne schieben, bis der Rücken leicht durchhängt und die Arme gestreckt sind. Führen Sie die Bewegung mit dem Kinn an, wie um sich unter einem Seil hindurchzu-winden.

Tiefenentspannung

Diese Tiefenentspannungstechnik, häufig auch als „Totenstellung" bezeichnet, füllt wertvolles prana (Energie) wieder auf, das durch körperliche, emotionale oder mentale Anstrengung verloren ging. Unkontrollierte Gefühle wie Wut, Angst, Sorge oder Gier leeren rasch unsere Energievorräte. Mentale Erschöpfung führt auch zu Muskelverspannungen und einem Ungleichgewicht der inneren Organe. Vollkommene Ruhe besänftigt die Nerven, reguliert den Blutdruck, regt den Kreislauf an und belebt jede Zelle im Körper.

Die Technik funktioniert auf drei Ebenen: der körperlichen, der mentalen und der spirituellen. Sie lehrt uns, schmerzende Muskelgruppen zu isolieren, und führt uns durch das Anspannen und Loslassen der Muskeln durch die tiefstmögliche Entspannung, um Stress und Erschöpfung abzubauen. Der Geist wird ruhig, und wir können den Problemen des Alltags entfliehen. Wer sich mental von seinem Körper entfernt, kann sich mit seinem höheren Bewusstsein identifizieren, was zu innerem Frieden und Glück führt.

1

Auf dem Boden oder Bett liegen, Handflächen nach oben, Füße entspannt. Tief vom Zwerchfell aus durch die Nase atmen. Beim Ausatmen darauf konzentrieren, alle Spannungen zu lösen.

2

Auf die Füße und Zehen konzentrieren: erst im Uhrzeigersinn, dann in Gegenrichtung kreisen, danach so weit wie möglich in Richtung Boden strecken (wie in Schritt 4).

3

Zehen und Fersen nach oben schieben und Knöchel, Unterschenkel, Knie, Oberschenkel, Bauch und Gesäß anspannen. Dann von den Zehen aus langsam alle Gelenke und Muskeln unterhalb der Taille entspannen.

4

Füße erneut im Uhrzeigersinn und in Gegenrichtung kreisen (wie in Schritt 2), dann die Zehen so weit wie möglich in Richtung Boden strecken. Schritt 3 wiederholen.

5

Tief und gleichmäßig weiteratmen, auf den Oberkörper konzentrieren, besonders auf Hände, Arme und Schultern. Einatmen, Fäuste ballen, Arme 30 cm vom Boden heben.

6

Erhobene Fäuste so kräftig wie möglich ballen, um Hände, Arme, Ellbogen und Schultern anzuspannen. Ellbogen gerade lassen. 5 Sekunden halten.

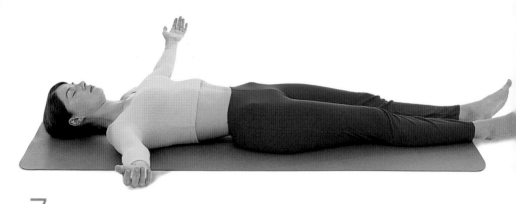

7

Ausatmen. Hände, Arme, Ellbogen und
Schultern lösen und entspannen und die
Hände mit den Handflächen nach oben auf
den Boden sinken lassen.

8

Darauf konzentrieren, die Spannungen in
Nacken und Schultern zu lösen. 5 Sekunden
lang normal atmen.

9

Beide Schultern wie auf dem Bild zu
den Ohren hochziehen, dann ausatmen
und sinken lassen. So lange wiederholen,
bis alle Spannungen aus diesem Bereich
verschwunden sind.

10

Kopf von einer Seite zur anderen rollen und ablegen, wo es am bequemsten ist. Auf die Gesichtsmuskeln konzentrieren. Den Kiefer und die Muskeln um Augen und auf der Stirn entspannen.

11

Versuchen Sie, alle störenden Gedanken zu verbannen, bis es still und ruhig wird. Stellen Sie sich vor, Sie trieben auf einer Wolke.

Register

Bildquellen

Alle Fotografien von Octopus Publishing Group Ltd./
Peter Pugh-Cook

Kleidung zur Verfügung gestellt von Carita House, Stapeley, Nantwich,
Cheshire CW5 7LJ
Tel: +44 1270 627722, Fax: +44 1270 626684, www.caritahouse.com,
action@caritahouse.com

Modell: Rachel Clark bei Profile

Redaktion: Jane McIntosh
Lektorat: Katy Denny
Layout: Leigh Jones
Projektmanagement: Manjit Sihra